汽车舒适与安全系统检修

主　编　赵晓敏　马　强
副主编　田介春　杨　辰
参　编　韩　风　蔡月萍

电子工业出版社
Publishing House of Electronics Industry
北京·BEIJING

内 容 简 介

本书根据汽车检测与维修技术专业教学要求，与培养目标相适应，并结合学生学习的特点，遵循职业教育人才培养规律，有机地融入思想政治教育元素，落实课程思政，紧密联系生产劳动实际和社会实践，帮助学生掌握汽车舒适与安全系统原理，熟悉检测方法，掌握维修工具、维修手册的使用方法与技巧，并掌握汽车各个子系统电路分析方法及数据检测方法，培养学生分析和解决问题的能力。

本书分为九个项目，分别是汽车总线系统的检修、电动车窗的检修、电动后视镜的检修、电动座椅的检修、中控门锁系统的检修、汽车防盗系统的检修、自适应巡航控制系统的检修、安全气囊系统的检修、信息和驾驶辅助系统。

本书根据汽车维修人员的职业需求，在保持内容科学性、先进性的同时，力求做到通俗易懂、深入浅出，力争做到学有所知，知有所用，为学生的成长铺路搭桥。本书不仅适用于汽车检测与维修技术专业的学生，也适用于从事汽车相关行业的从业人员。

未经许可，不得以任何方式复制或抄袭本书之部分或全部内容。

版权所有，侵权必究。

图书在版编目（CIP）数据

汽车舒适与安全系统检修 / 赵晓敏，马强主编.

北京：电子工业出版社，2024. 12. -- ISBN 978-7-121-49403-1

I. U461.4；U472.41

中国国家版本馆 CIP 数据核字第 20249PU171 号

责任编辑：张　豪
印　　刷：中国电影出版社印刷厂
装　　订：中国电影出版社印刷厂
出版发行：电子工业出版社
　　　　　北京市海淀区万寿路 173 信箱　邮编：100036
开　　本：787×1092　1/16　印张：11.5　字数：279 千字
版　　次：2024 年 12 月第 1 版
印　　次：2024 年 12 月第 1 次印刷
定　　价：49.00 元

凡所购买电子工业出版社图书有缺损问题，请向购买书店调换。若书店售缺，请与本社发行部联系，联系及邮购电话：（010）88254888，88258888。

质量投诉请发邮件至 zlts@phei.com.cn，盗版侵权举报请发邮件至 dbqq@phei.com.cn。

本书咨询联系方式：qiyuqin@phei.com.cn。

前　　言

　　本书是为适应高职院校专业建设及课程改革需要而编写的一本汽车检修技术的理论实践一体化教材，全书采用项目教学法。根据汽车维修企业的岗位设置和岗位能力要求，本书紧密联系生产劳动实际和社会需求，帮助学生增加和积累知识，书中讲解分析了多个可实操的故障诊断案例，帮助学生掌握汽车舒适与安全系统原理，熟悉检测方法，掌握维修工具、维修手册的使用方法与技巧，掌握汽车各个子系统电路分析方法及数据检测方法，培养学生分析和解决问题的能力。本书分为九个项目，分别是汽车总线系统的检修、电动车窗的检修、电动后视镜的检修、电动座椅的检修、中控门锁系统的检修、汽车防盗系统的检修、自适应巡航控制系统的检修、安全气囊系统的检修、信息和驾驶辅助系统。

　　每个项目除了介绍常见的原理及结构，还以具体的车型为例，详细介绍了各系统的工作原理。项目中任务或故障诊断模块的设置也由易到难，其中故障诊断的过程从故障现象描述、分析到诊断修复都与岗位的工作过程一致，希望学生能学以致用，举一反三。在达成任务目标的过程中，注意培养学生的敬业、诚信、团队协作、沟通等职业素质，以提高学生的综合职业能力。

　　本书由青海职业技术学院的赵晓敏、马强担任主编，田介春、杨辰担任副主编，蔡月萍、韩风担任参编。具体编写分工如下：杨辰负责编写项目一，赵晓敏负责编写项目二、七，马强负责编写项目三和项目九，韩风负责编写项目四，田介春负责编写项目五和项目六，蔡月萍负责编写项目八。

　　在编写本书的过程中，编者参考了一汽大众迈腾B8的维修手册和电路图，以及多本同类教材，在此深表谢意。

　　由于编者水平有限，书中难免有不足和疏漏之处，敬请广大读者批评指正。

编者
2024 年 12 月

目　录

项目一　汽车总线系统的检修 1
　1.1　CAN 总线 1
　1.2　LIN 总线 11
　1.3　MOST 总线与 FlexRay 总线 21
　1.4　大众车系总线系统 26
项目二　电动车窗的检修 33
　2.1　电动车窗的认知 34
　2.2　电动车窗玻璃升降器系统原理 38
　2.3　迈腾 B8 玻璃升降器控制原理 42
　2.4　车窗玻璃的儿童安全锁及防夹功能 46
　2.5　驾驶员侧总开关无法控制所有玻璃升降器工作故障检测 47
　2.6　驾驶员侧开关无法控制左后车门玻璃升降器工作故障检测 51
项目三　电动后视镜的检修 57
　3.1　电动后视镜的认知 58
　3.2　电动后视镜无法折叠的故障诊断 59
　3.3　电动后视镜的拆装 63
　3.4　电动后视镜故障诊断 65
项目四　电动座椅的检修 70
　4.1　电动座椅的功能及类型 71
　4.2　电动座椅的结构及工作原理 73
　4.3　汽车座椅加热系统 77
　4.4　电动座椅高度调节故障检修 80
　4.5　电动座椅纵向调节故障检修 82
项目五　中控门锁系统的检修 84
　5.1　中央门锁控制原理 85
　5.2　迈腾 B8 门锁功能开关 F2 故障检修 91
　5.3　迈腾 B8 联锁开关故障检修 96
　5.4　迈腾 B8 门锁电机 V56 故障检修 101
　5.5　后备箱门无法开启故障检修 104
　5.6　VAS 6150 引导型故障诊断功能 109

项目六　汽车防盗系统的检修 ··· 117
 6.1　汽车防盗系统的类型 ··· 118
 6.2　汽车防盗系统的组成与工作原理 ··· 122
 6.3　汽车防盗系统的故障检修 ··· 125

项目七　自适应巡航控制系统的检修 ··· 129
 7.1　自适应巡航控制系统工作原理 ··· 129
 7.2　自适应巡航控制系统 ··· 135
 7.3　自适应巡航控制系统工作过程 ··· 139
 7.4　自适应巡航控制系统的不同 ··· 142
 7.5　自适应巡航控制系统校准 ··· 142

项目八　安全气囊系统的检修 ··· 148
 8.1　安全气囊的功用和分类 ··· 148
 8.2　安全气囊系统的组成和控制原理 ··· 152
 8.3　安全气囊系统的拆装 ··· 155
 8.4　迈腾安全气囊指示灯常亮故障分析 ······································· 157

项目九　信息和驾驶辅助系统 ··· 159
 9.1　汽车语音控制系统 ··· 159
 9.2　汽车音响系统 ··· 160
 9.3　汽车倒车雷达系统 ··· 162
 9.4　汽车倒车影像系统 ··· 166
 9.5　车载蓝牙系统 ··· 169
 9.6　自动泊车系统 ··· 171
 9.7　全景视觉驾驶辅助系统 ··· 173
 9.8　预碰撞安全系统 ··· 175

项目一 汽车总线系统的检修

项目概述

汽车总线系统是指在汽车电子控制单元（ECU）之间进行数据通信的一种网络架构。它允许不同的电子设备和传感器通过共享数据线进行信息交换和协作，从而实现汽车系统的集成化和功能扩展。新型电动汽车和传统汽车网络总线协议包括 CAN、LIN、FlexRay 和 MOST 等，其中应用最广泛的是 CAN 总线协议。

本项目包含了 4 个基本学习任务，分别是 CAN 总线、LIN 总线、MOST 总线与 FlexRay 总线、大众车系总线系统。

1.1　CAN 总线

【学习目标】

CAN 总线（1）

知识目标

1. 理解CAN总线的基本原理和工作机制；
2. 掌握CAN总线的物理层特性、数据帧结构和报文格式；
3. 熟悉CAN总线的网络配置和拓扑结构；
4. 理解CAN总线的错误检测和排查故障方法。

能力目标

1. 能够正确连接和配置CAN总线设备，包括CAN控制器、传感器、执行器等；
2. 能够使用专业的诊断工具对CAN总线进行监测和排查故障；
3. 能够解读和分析CAN总线的数据帧，包括识别发送方、接收方、数据内容等；
4. 能够识别并处理CAN总线的错误信息和故障情况；
5. 能够进行简单的CAN总线通信测试和数据交互验证。

素质目标

1. 培养排查故障的能力，培养独立思考和学习的能力；
2. 培养团队合作和沟通协调的能力，培养与他人合作解决问题的能力；

3．培养严谨和细致的工作作风，培养注重细节和质量的意识；
4．培养对汽车电子技术和总线系统的兴趣和热情，以及持续学习和更新知识的意愿。

【知识链接】

CAN 总线（2）

一、CAN 总线的发展历史

在CAN总线应用前，汽车各个电控模块之间的通信采用点对点的通信方式，如图1-1所示。随着消费者要求越来越多的功能和汽车自动化程度的提高，汽车电气系统在规模、复杂性和成本上都在迅速增长。

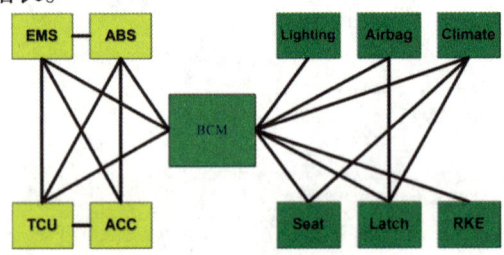

图 1-1　点对点通信方式

为了减少日益增长的电缆质量和可靠性问题，降低装配的成本和复杂性，CAN总线应时而生，CAN总线极大地简化了原本复杂的线束连接，如图1-2所示。

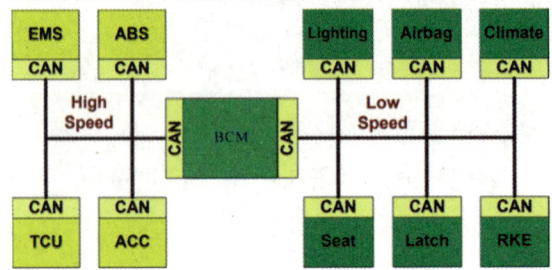

图 1-2　CAN 总线连接示意图

CAN总线具有如下优点：
1．通过节省整车线束安装空间，达到节约成本、减轻车重的目的；
2．可以更好地应对汽车分布式、电子化趋势，且具有诊断功能；
3．CAN总线具有高实时性、高可用性，其传输速率最高可达1 Mbit/s；
4．具有高可靠性，其错误漏检概率接近于零。

二、CAN 总线的工作原理

1．CAN 总线的特点

（1）支持多主节点方式工作。网络上的任意一个节点均可以在任意时刻主动地向网络上的其他节点发送信息，而不分主从节点，且通信方式灵活。CAN总线系统上并联多个元件（即节点），如果某一控制单元出现故障，其余系统应尽可能保持原有功能，以便进行信息交换，保证汽车各系统正常工作。

（2）网络上的节点（或信息）可分成不同的优先级，从而满足不同的实时要求。

（3）采用非破坏性位仲裁总线结构机制。当两个节点同时向网络上传送信息时，优先级低的节点主动暂停发送数据，而优先级高的节点可不受影响地继续传输数据。

关于采用非破坏性位仲裁总线结构机制，CAN总线通过"线与"机制来实现，0代表显性位，1代表隐性位，显性位能够覆盖隐性位，并借助ID值进行仲裁（ID值越小，报文优先级越高，且高优先级节点不损失时间），通过下面的例子可以看出，当节点发送的隐性位被其他节点发送的显性位覆盖后，该节点暂停发送报文，进入"只听"模式，但仍侦听其他节点发送的报文，如图1-3所示。

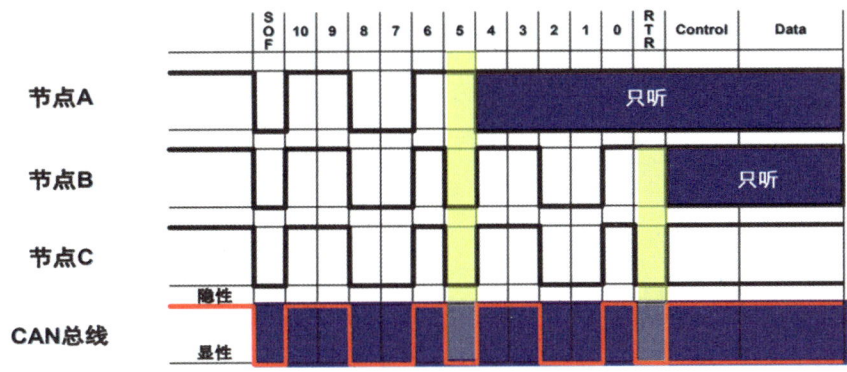

图1-3　CAN通信仲裁机制

非破坏性位仲裁总线结构机制还体现在，发送低优先级报文的节点退出仲裁后，在下次总线空闲时自动重发报文。下面的例子演示了重发处理机制，报文ID值越小，其优先级越高，如图1-4所示。

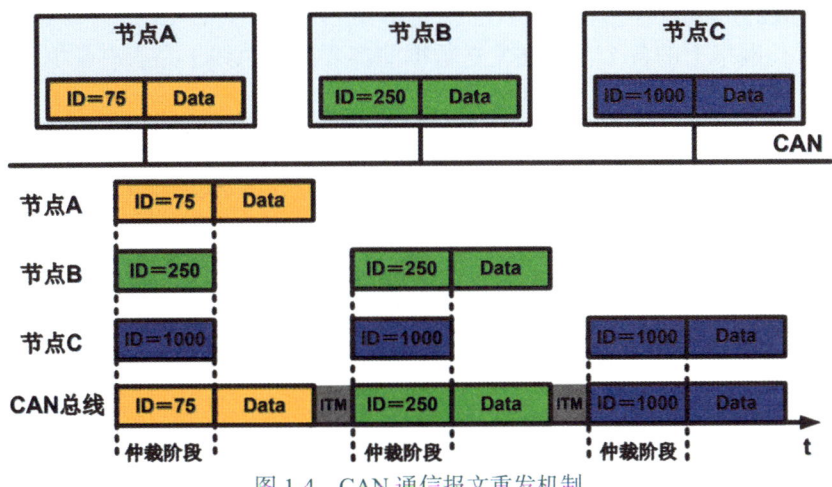

图1-4　CAN通信报文重发机制

（4）可通过点对点、一点对多点（成组）及全局广播几种传送方式接收数据。

（5）直接通信距离最远可达10km。

（6）数据传输快，通信速率最高可达1Mbit/s。CAN网络通信速率与通信距离的对应关系如表1-1所示。

表 1-1 CAN 网络通信速率与通信距离的对应关系

位速率（Kbit/s）	1000	500	250	125	100
传输距离（m）	40	130	270	100	620
位速率（Kbit/s）	50	20	10	5	
传输距离（m）	1300	3300	6700	10000	

（7）数据密度大，节点数实际可达110个。

（8）采用短帧结构，每一帧的有效字节数为8位。

（9）每一帧信息都有CRC校验或其他检错措施，数据出错率低。

（10）通信介质可采用双绞线、同轴电缆和光导纤维。一般采用廉价的双绞线即可。

（11）节点在出现严重错误时自动关闭与总线的连接，切断故障点与总线的联系，使总线上的其他节点不受影响。

2. CAN 总线通信机制

关于CAN总线的通信机制有如下要求。

报文发送时

（1）总线负载率：单位时间内总线上的"位流"相对于总线带宽的占比。

（2）限制负载率的目的：保证相对低优先级节点的通信实时性，但如果能通过网络及节点优化等手段满足每个节点的最大响应时间要求，负载率只是一个无关紧要的参数。

关于总线访问，则通过非破坏性位仲裁的载波侦听多路访问/冲突避免的机制保证CAN总线的正常工作。

载波侦听，网络上的各个节点在发送数据前都要检测总线上是否有数据传输。当网络上有数据时，暂时不发送数据，等待网络空闲时再发送。当网络上无数据时，立即发送已经准备好的数据。

多路访问，网络上的所有节点以多点接入的方式连接在同一根总线上，且发送数据是广播式的。

最后，冲突避免，节点在发送数据的过程中要不停地检测发送的数据，确定是否与其他节点数据传输发生冲突，如果有冲突，则保证先发送高优先级的报文。

项目一 汽车总线系统的检修

三、CAN总线的帧格式

帧格式中的数据帧分为扩展帧和标准帧，其结构如图1-5和图1-6所示。

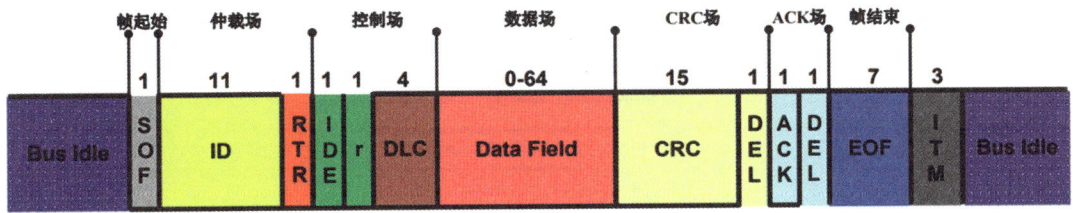

图1-5 标准帧结构

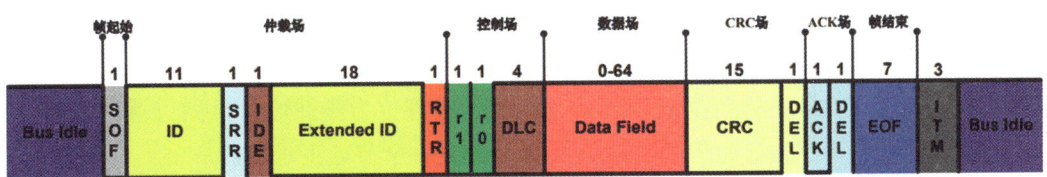

图1-6 扩展帧结构

以扩展帧为例介绍CAN总线帧中的每个数据段的含义。

（1）帧起始（SOF）位，它标识一个数据帧的开始，用于各节点之间的同步，它的固定格式为一个显性位，且只有在总线空闲期间，节点才能够发送SOF。

（2）ID标识符位，它用于确定唯一的一条报文，且表明报文的含义，可以包含报文的源地址和目标地址，并确定报文的仲裁优先级，这里规定标准帧ID为11位，扩展帧ID为29位。

（3）RTR位，该位用于区分数据帧和远程帧，数据帧，RTR=0；远程帧，RTR=1。

（4）IDE位，该位用于区分标准帧和扩展帧，标准帧，IDE=0；扩展帧，IDE=1。

（5）SRR位，该位代替了标准帧中的RTR位，无实际意义，且永远置1。

（6）r0、r1位，为两个保留位，当前置0。

（7）DLC位，包含4位，表示数据场包含数据的字节数。

当DLC=0～8时，数据场为实际长度；当DLC=9～15时，按DLC=8计算数据场长度。

（8）CRC位，用于CRC校验，发送节点根据发送的序列计算一个15位的CRC值，接收节点则根据接收到的序列计算一个15位的CRC值，将两个计算得到的CRC值进行对比，当两个CRC值一致时，说明报文接收无误，如图1-7所示。

— 5 —

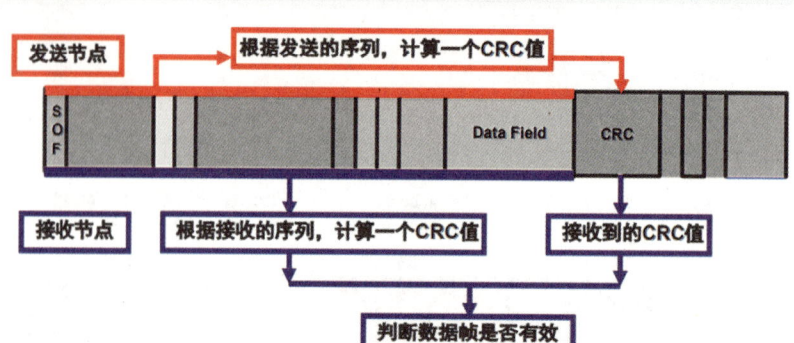

图 1-7　CAN 通信 CRC 校验

（9）DEL位，两个DEL位代表"CRC界定符/ACK界定符"界定CRC序列及ACK应答位，其固定格式为1个隐性位。

ACK应答位用来确定报文至少被一个节点正确接收，发送节点发送的ACK应答位为一个隐性位；接收节点在成功接收报文后发送的ACK应答位为显性位，显性位覆盖隐性位；当总线上的ACK应答位为显性位时，说明报文至少被一个节点正确接收。

（10）EOF位，EOF表示数据帧结束，固定格式，7个连续的隐性位，加上ITM间歇场的3个隐性位和ACK界定符的1个隐性位。

除数据帧外，CAN的帧格式还有远程帧、帧间空间、错误帧和超载帧等。

（1）数据帧的作用是，携带从发送节点至接收节点的数据。

（2）远程帧的作用是，向其他节点请求发送具有同一标识符的数据帧。

（3）帧间空间的作用是，数据帧（或远程帧）通过帧间空间与前述的各帧分开。

（4）数据帧的作用是，当节点检测到错误后发送错误帧。

（4）超载帧的作用是，在先行的和后续的数据帧（或远程帧）之间附加一段延时。

四、CAN 总线的物理层

1. CAN 总线

各个CAN系统的所有控制单元（节点）都并联在CAN总线上。CAN总线的两条导线分别叫作CAN-High（简写为CANH）导线和CAN-Low（简写为CANL）导线。在实际使用中，CANH导线和CANL导线是扭绞在一起的（称为双绞线），如图1-8所示。对于EMC电磁干扰屏蔽高的地方会使用带屏蔽层的双绞线，但其成本较高，在一般场景下不会使用，如图1-9所示。

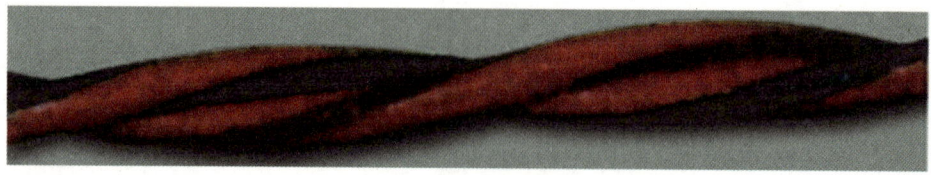

图 1-8　双绞线

项目一 汽车总线系统的检修

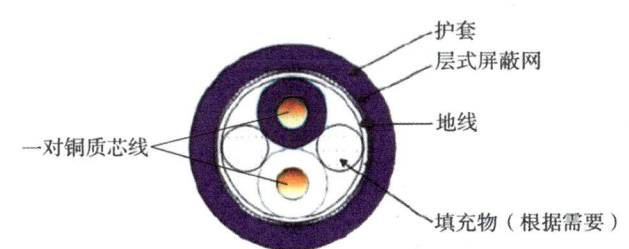

图 1-9 带屏蔽层的双绞线结构

2. 总线电压

CAN总线通信电平信号如图1-10所示。CAN总线的电压，在显性位时CANH拉高至3.5V，CANL拉低至1.5V，差分电压为2V；在隐性位时CANH/CANL均为2.5V，差分电压为0V，如图1-11所示。但在实际应用中无法精确控制电压，因此ISO 11898中对CANH/CANL和差分电压作出了如表1-2所示的规定。

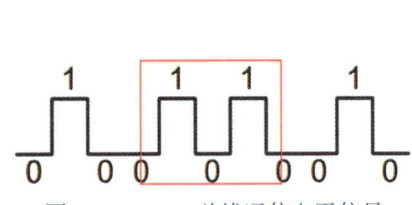

图 1-10 CAN 总线通信电平信号 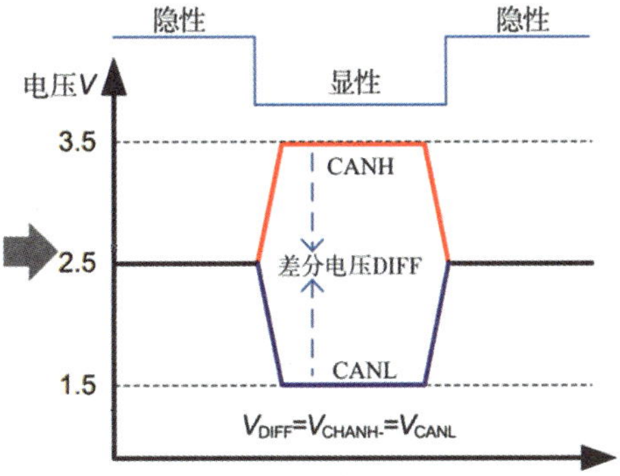　　　图 1-11 CAN 总线通信电平信号与差分电压

表 1-2 ISO 11898-2（2015）电压规定值

参数名	单位	显性位时			隐性位时		
		最小	名义	最大	最小	名义	最大
CANH	V	2.75	3.5	4.5	2.0	2.5	3.0
CANL	V	0.5	1.5	2.25	2.0	2.5	3.0
DIFF	V	1.5	2.0	3.0	-0.5	0	0.05

3. CAN 收发器

CAN的控制单元是通过CAN收发器（简称收发器）连接到驱动CAN总线上的。在收发器内部的接收器一侧设有差动信号放大器。差动信号放大器用于处理来自CAN-High导线和CAN-Low导线的信号。除此以外，它还负责将转换后的信号传至控制单元的CAN接收区。这个转换后的信号称为差动信号放大器的输出电压。差动信号放大器用CAN-High导线上的电压减去CAN-Low导线上的电压，就得出了输出电压，用这种方法可以消除静电电平或其他任何重叠的电压（如外来的电磁干扰），如图1-12所示。

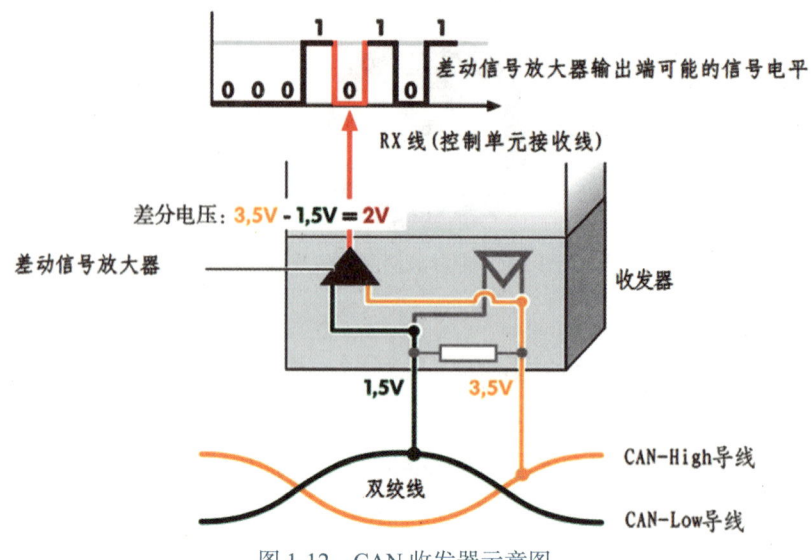

图 1-12　CAN 收发器示意图

4. CAN 总线干扰信号的消除

在使用过程中，车辆不可避免地会受到外部信号的干扰，如图1-13所示，使用双绞线可以减小相邻导线间的电磁干扰及共模干扰，因为CAN-High和CAN-Low通过双绞线的方式紧密放置，在干扰脉冲总是有规律的同时，同幅度地作用在两条线上，因此，差分电压几乎不受影响，如图1-14所示。

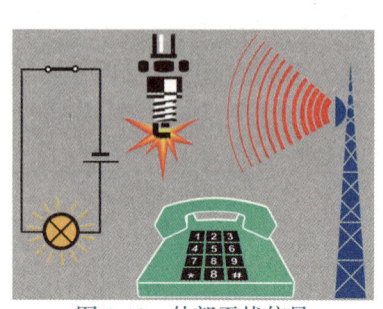

图 1-13　外部干扰信号

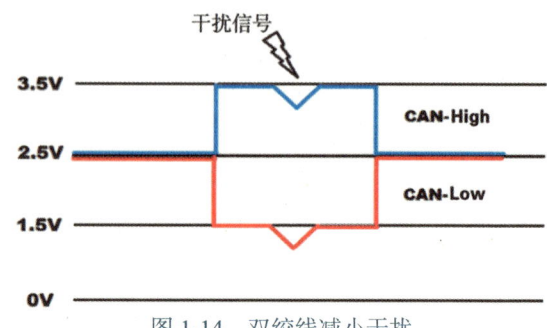

图 1-14　双绞线减小干扰

5. 外围电路

在CAN收发器的外部电路中，如图1-15所示，使用电容达到低通滤波的作用，过滤高频干扰，提高抗电磁干扰性能。

使用ESD/过压保护：防止过高的静电电压，将瞬间的高压导入地。

使用SPLIT提供共模电压：提高抗干扰性，避免不上电节点干扰网络，使总线隐性电压稳定。

项目一　汽车总线系统的检修

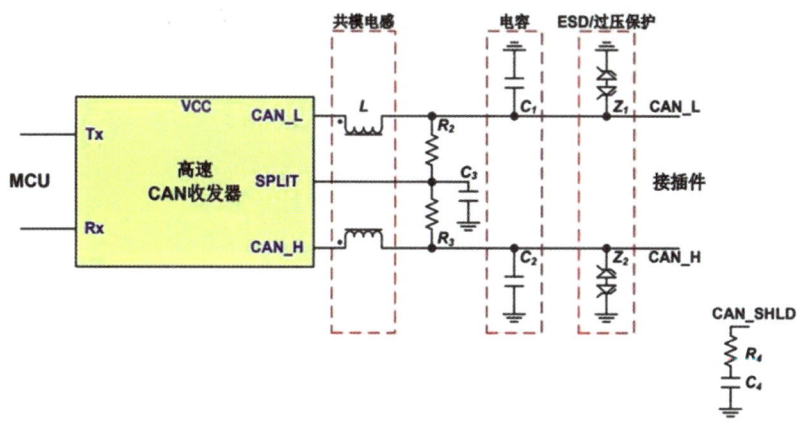

图 1-15　CAN 收发器的外部电路

【实操训练】

一、实施准备

工具设备：示波器
实训车辆：迈腾B8
辅助资料：汽车原厂维修手册、原厂电路图

二、收集信息

本次实训将收集迈腾B8舒适车门控制模块CAN总线波形。

三、任务实施

具体步骤如下。

第一步：整车上电。

起动开关变至ON挡。

第二步：连接示波器。

找到车门控制模块后，将示波器探针搭铁线接地，信号探针连接到车门控制器模块的CANH上。

第三步：读取CANH波形。

因显性电压为3.5V，因此需要将示波器电压调至5V，进行波形读取，暂停后调整波形，此时便可以读取CANH的波形。

第四步：读取CANL波形。

信号探针连接在车门控制器模块的CANL上，进行波形读取。暂停后调整波形，此时便

— 9 —

可以读取CANL的波形。

第五步：关闭汽车电源。

操作汽车起动开关变至OFF挡。

四、小结

通过本次实训课程，我们学习了CAN总线实车测试的方法，希望学生能掌握这些知识，让学生能独立完成对汽车CAN总线系统信号CANH、CANL的检修。

【学习评价表】

评价内容	配分	序号	具体指标	分值	自评	组评	师评
作业准备	15	1	正确地穿戴工作服、安全鞋、手套等安全防护用品	5			
		2	了解ECU（电子控制单元）的型号、引脚	5			
		3	准备好所需的工具仪器并确保能正常使用	5			
工作安全	25	4	不违章作业	5			
		5	遵守作业程序	5			
		6	无人员受伤或设备损坏	5			
		7	遵守工作制度	5			
		8	发现问题及时报告	5			
工作过程	35	9	掌握ECU中的CHNH、CANL和常用引脚的含义与作用	15			
		10	掌握示波器的使用	20			
职业素养	25	11	遵守规章制度	5			
		12	作业规范	5			
		13	流程正确	5			
		14	结果分析正确	5			
		15	工作效率高	5			
综合得分				100			

项目一 汽车总线系统的检修

1.2　LIN 总线

【学习目标】

LIN 总线

❋ 知识目标

1. 理解LIN总线的基本原理和工作机制；
2. 掌握LIN总线的物理层特性、数据帧结构和报文格式；
3. 熟悉LIN总线的网络配置和拓扑结构；
4. 理解LIN总线的错误检测和排查故障方法。

❋ 能力目标

1. 能够正确连接和配置LIN总线设备，包括LIN控制器、传感器、执行器等；
2. 能够使用专业的诊断工具对LIN总线进行监测和排查故障；
3. 能够解读和分析LIN总线的数据帧，包括识别发送方、接收方、数据内容等；
4. 能够识别并处理LIN总线的错误信息和故障情况；
5. 能够进行简单的LIN总线通信测试和数据交互验证。

❋ 素质目标

1. 培养排查故障的能力，培养独立思考和学习的能力；
2. 培养团队合作和沟通协调的能力，培养与他人合作解决问题的能力；
3. 培养严谨和细致的工作作风，培养注重细节和质量的意识；
4. 培养对汽车电子技术和总线系统的兴趣和热情，以及持续学习和更新知识的意愿。

【知识链接】

一、LIN 总线的结构原理

1. 主要的车载网络协议

LIN总线是针对汽车分布式电子系统而定义的一种低成本的串行通信网络，是对控制器局域网络（CAN）等其他汽车多路网络的一种补充，适用于对网络的带宽、性能或容错功能没有过高要求的应用场景，因此，LIN总线具有成本低于其他总线的优点。车载网络通信速率对比如图1-16所示。

— 11 —

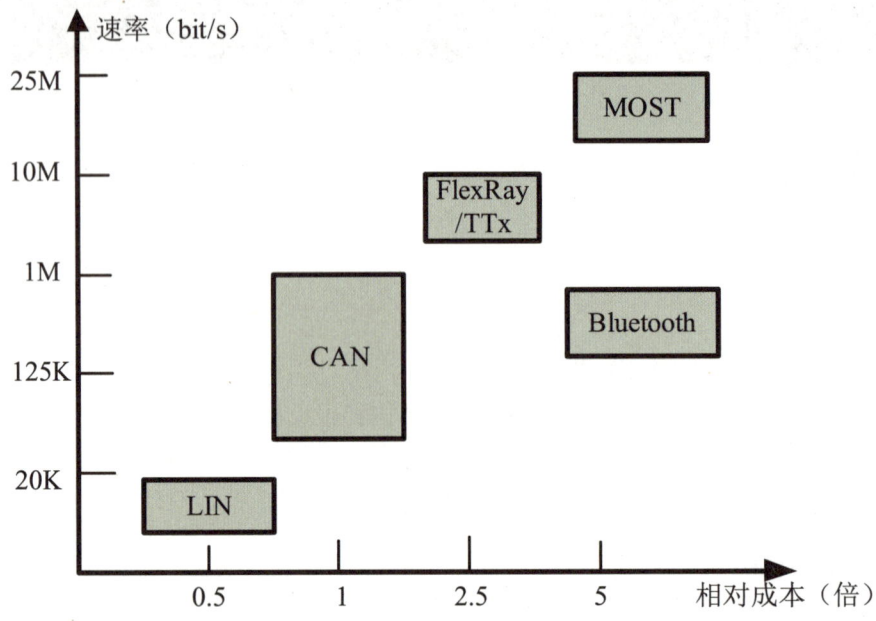

图1-16　不同车载网络协议支持的通信速率对比

从整车的网络拓扑中可以看出，LIN总线一般运用在天窗、门锁等对实时性要求不高的控制器上，如图1-17所示。

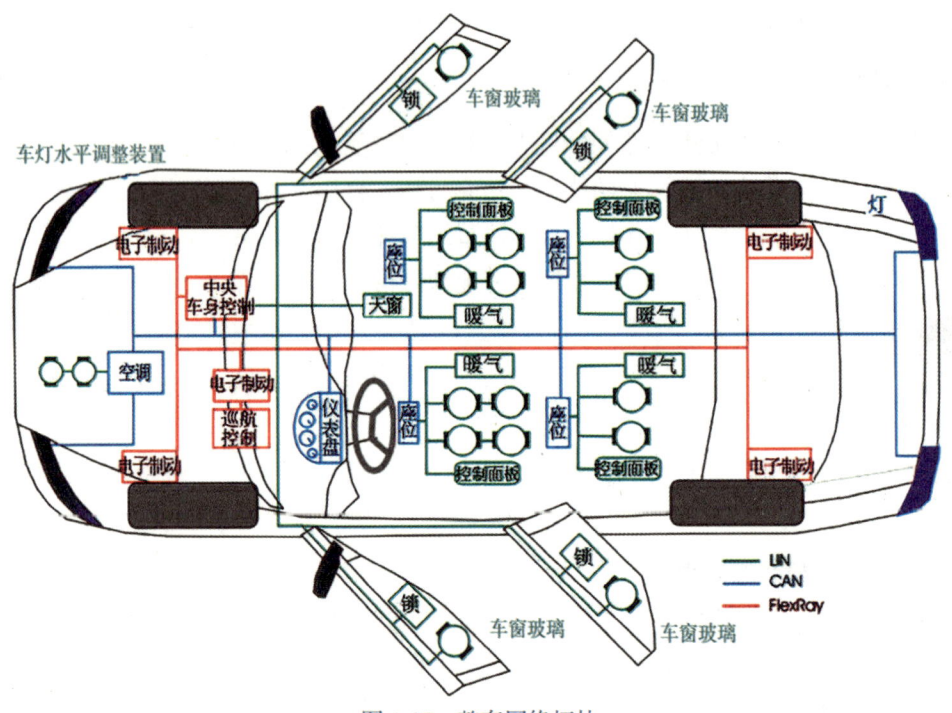

图1-17　整车网络拓扑

项目一　汽车总线系统的检修

2. LIN 总线在 AUDI A6L 汽车上的应用

在 AUDI A6L 汽车上，LIN 总线运用在了空调、太阳能车顶电机、挡风玻璃加热、左右侧（座椅）辅助加热等模块，如图1-18所示。

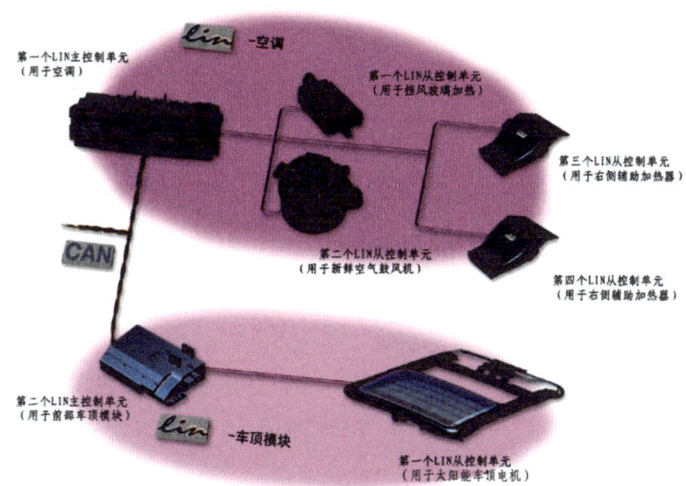

图 1-18　AUDI A6L 中的 LIN 总线运用

3. LIN 总线系统的构成

采用LIN总线的控制器通常分为主控制单元和从控制单元，如图1-19所示。

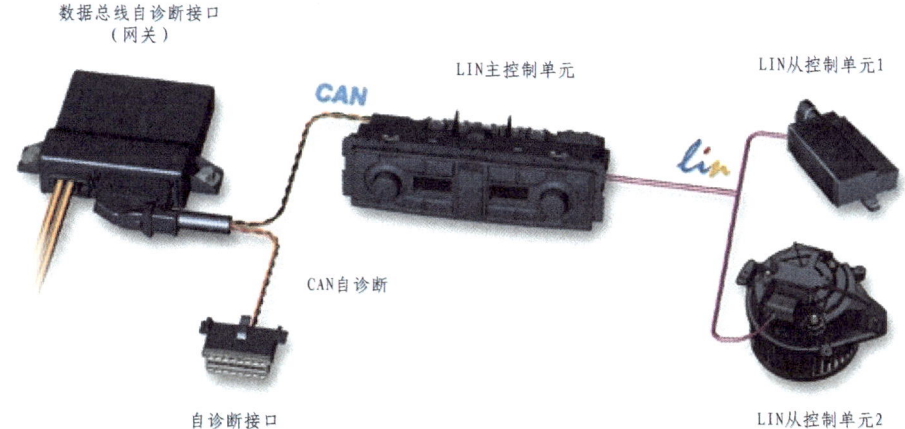

图 1-19　LIN 总线控制器的主控单元与从控单元结构示意图

4. LIN 主控制单元功能

LIN主控制单元的作用是：

（1）控制数据传输过程和数据传输速率，发送信息标题。

（2）LIN主控制单元的软件内已经设定了一个周期，该周期用于决定何时将哪些信息发送到LIN数据总线上多少次。

（3）LIN主控制单元在LIN数据总线系统的LIN控制单元与CAN总线之间起"翻译"作

— 13 —

用,它是LIN总线系统中唯一与CAN总线相连的控制单元。

(4)通过LIN主控制单元进行与之相连的LIN从控制单元的自诊断。

LIN总线的信息结构如图1-20所示。

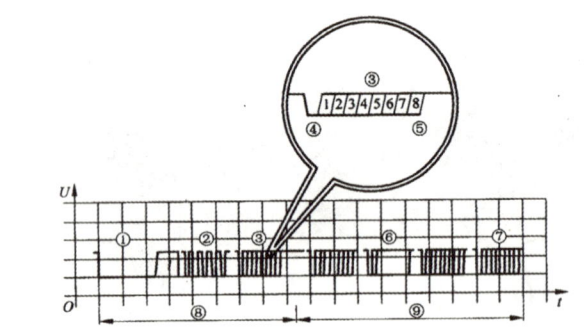

1—同步间隔　2—同步区域　3—标识符　4—起始　5—停止
6—数据区域　7—校验区　8—信息标题　9—信息段

图1-20　LIN总线的信息结构

5. LIN从控制单元功能

在LIN数据总线系统内,单个的控制单元或传感器及执行元件都可作为LIN从控制单元。传感器内集成有一个电子装置,该装置对测量值进行分析,其数值是作为数字信号通过LIN总线传输的。有些传感器和执行元件只使用LIN主控制单元插口上的一根信号线,便可以实现信号传输。

LIN从控制单元等待LIN主控制单元的指令,仅根据需要与主控制单元进行通信。为结束休眠模式,LIN从控制单元可自行发送唤醒信号。LIN从控制单元连接在LIN总线系统设备上。BMW E60电动遮阳帘的控制如图1-21所示。

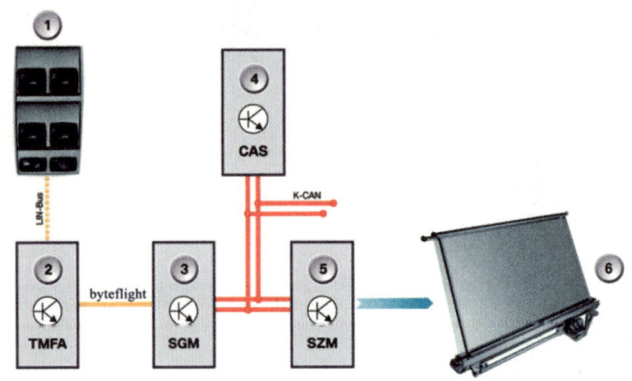

1—驾驶员侧开关组　2—驾驶员侧车门模块 TMFA　3—安全和网关模块
4—便捷进入及起动系统 CAS　5—中柱开关控制中心 SZM　6—电动遮阳帘

图1-21　BMW E60 电动遮阳帘的控制

6. LIN 总线的特点

（1）单个主节点，多个从节点；
（2）最多可以连接16个节点；
（3）速率可达20Kbit/s；
（4）从节点可采用片内振荡器；
（5）基于UART/SCI通信接口；
（6）网络通信可预期性；
（7）支持多报文传输；
（8）支持诊断。

7. LIN 总线调度表

（1）LIN总线调度表负责调度网络各报文发送的顺序，为每帧报文分配发送时隙（slot）；
（2）可能存在多个LIN总线调度表，根据需要进行切换。
LIN总线调度表如图1-22所示。

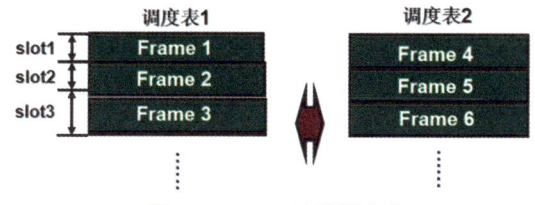

图 1-22　LIN 总线调度表

二、LIN 总线的数据传输

1. 帧结构

LIN总线的一帧报文分为报头场和响应场，如图1-23所示。

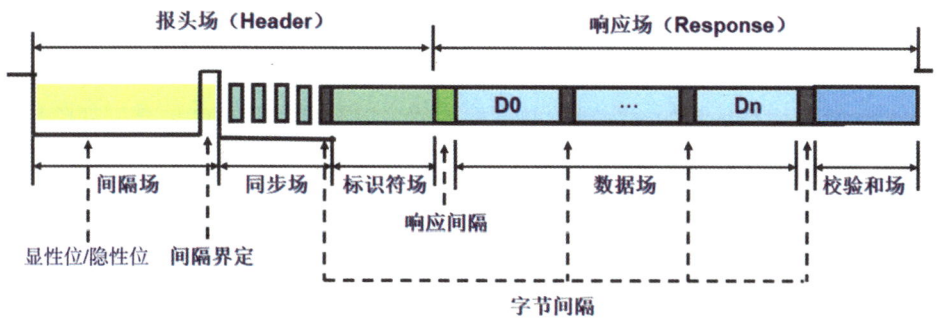

图 1-23　LIN 通信报文结构

在报头场中，间隔场用于标识一帧的开始，其由最少13个显性位和最少1个隐性位组成，如图1-24所示。

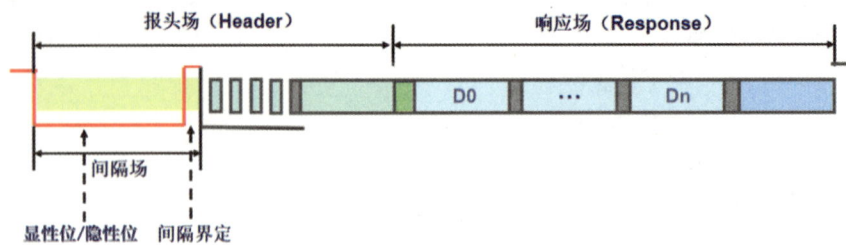

图 1-24　LIN 通信间隔场

同步场用于控制从节点与主节点同步，同步场一般用0x55进行同步，如图1-25所示。

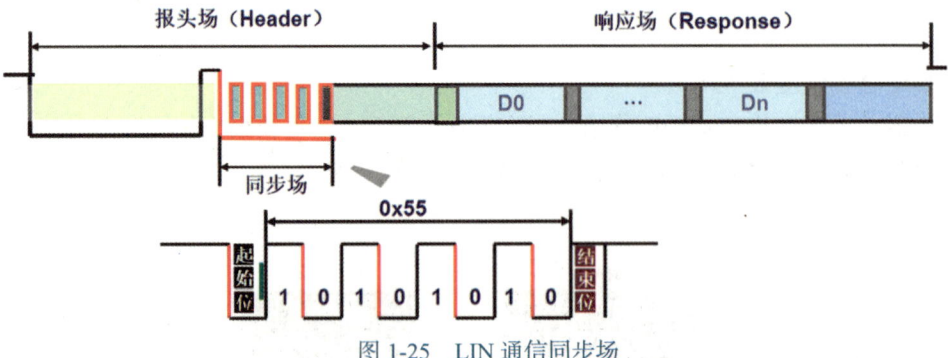

图 1-25　LIN 通信同步场

标识符场用于标识报文的内容，由标识符与奇偶校验符组成，如图1-26所示。

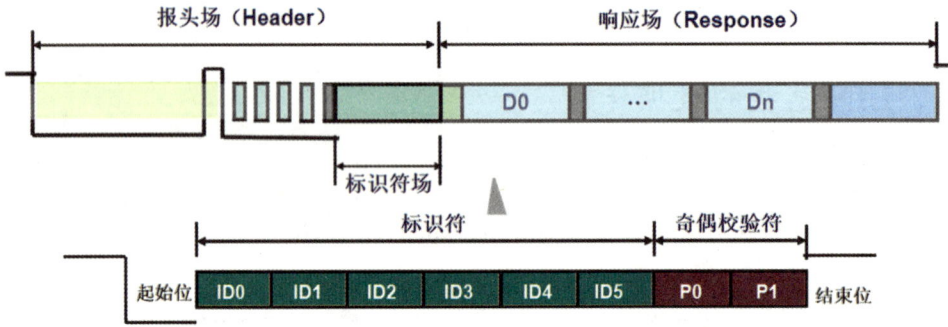

图 1-26　LIN 通信标识符场

响应场由数据场和校验和场组成，其中数据场会填充有效的数据信息，如图1-27所示。

项目一 汽车总线系统的检修

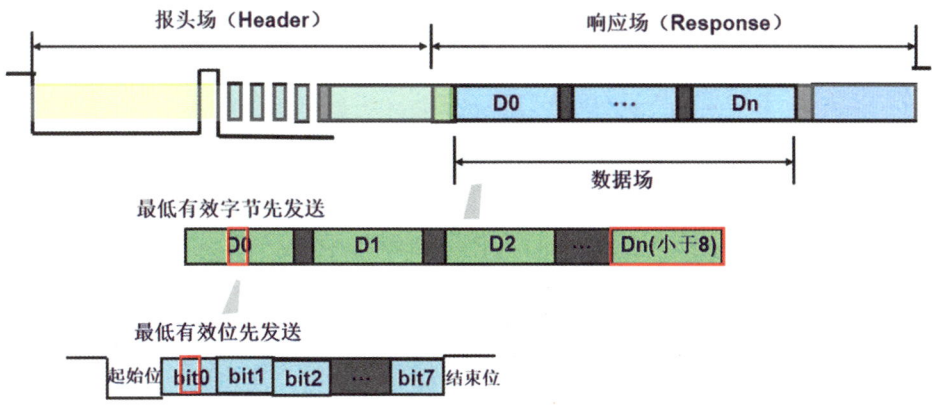

图 1-27　LIN 通信数据场

校验和场用于校验接收的数据是否正确，如图 1-28 所示，校验的方式主要采用经典校验和增强校验两种方式。

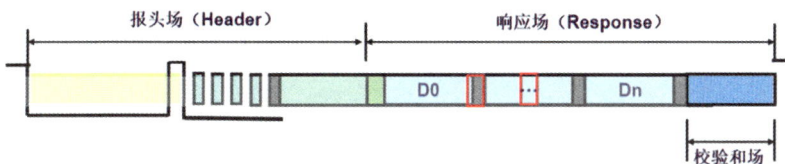

图 1-28　LIN 通信校验和场

2. 帧传输

LIN 总线的一帧报文通常由主节点发送报头（Header1～3），从节点或主节点接收到报头后发送响应场（Response1～3），如图 1-29 所示。

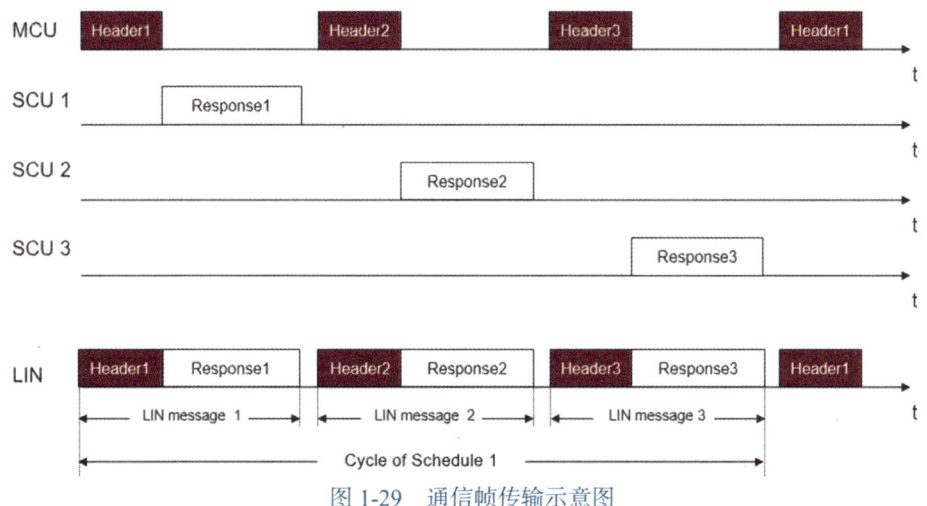

图 1-29　通信帧传输示意图

3. 电平信号

电平信号分为显性电平和隐性电平，LIN 通信电平信号如图 1-30 所示。

— 17 —

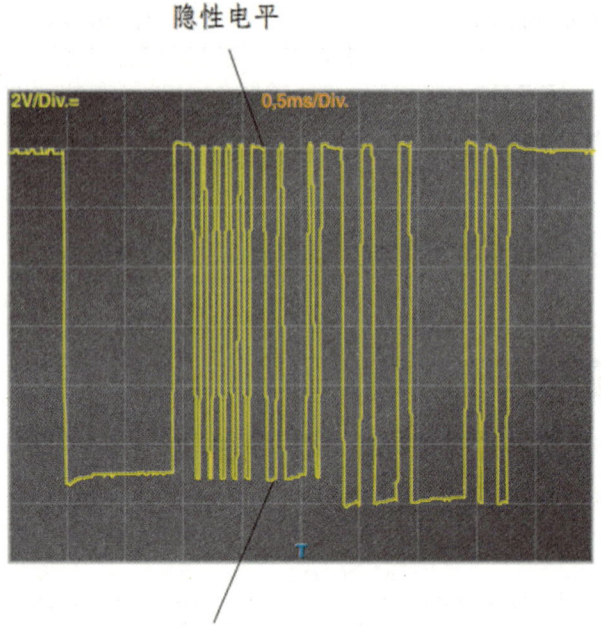

图 1-30　LIN 通信电平信号

隐形电平：如果所有节点都没有驱动收发器三极管导通，此时在LIN数据总线上的电压就是蓄电池电压，称为隐性电平，表示逻辑"1"。

显性电平：当有节点向外发送信息时，发送控制单元内的收发器驱动三极管导通，将LIN数据总线导线接地，此时在LIN总线上的电压为0V，称为显性电平，表示逻辑"0"。

4. 信息波形

主控制单元发送到LIN总线上的报文响应，其内容多为主控制单元发布的查询、指令信息；从控制单元发送到LIN总线上的报文响应，其内容多为针对主控制单元查询、指令信息的响应和反馈。LIN通信的信号波形如图1-31所示。

项目一　汽车总线系统的检修

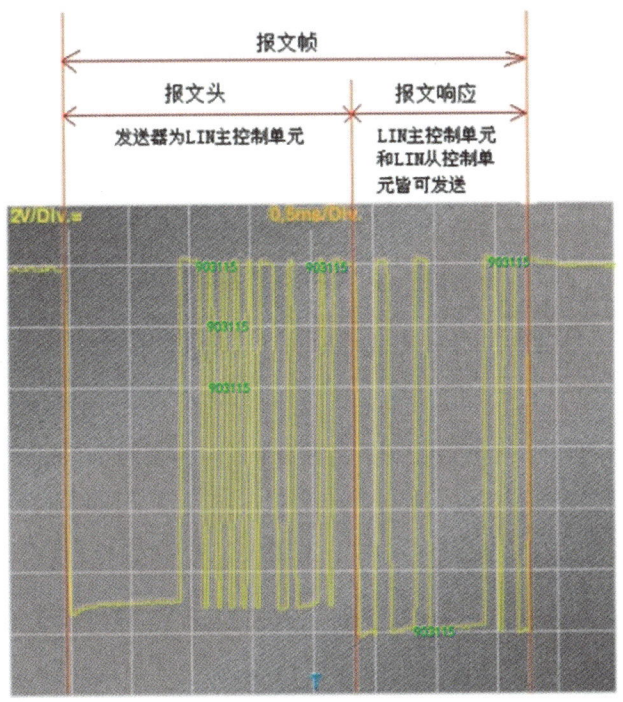

图1-31　LIN通信的信号波形

5. 传输稳定性

为了确保LIN传输的稳定性，LIN总线在收发隐性电平和显性电平时，通过预先设定公差值来保证数据传输的稳定性，如图1-32所示。为了在有干扰辐射的情况下仍能收到有效的信号，实际接收的允许电压值要稍高一些，如图1-33所示。

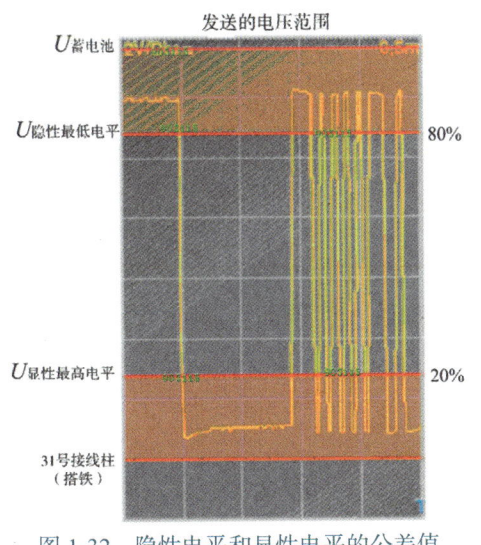

图1-32　隐性电平和显性电平的公差值

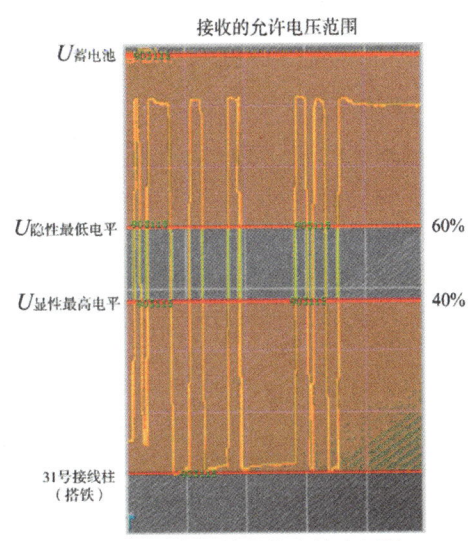

图1-33　实际接收的允许电压值

— 19 —

【实操训练】

一、实施准备

工具设备：示波器
实训车辆：迈腾B8
辅助资料：汽车原厂维修手册、原厂电路图

二、收集信息

本次实训将收集迈腾B8后备箱控制器的LIN总线特定信号的波形。

三、任务实施

具体步骤如下。
第一步：整车上电。
起动开关变至ON挡。
第二步：连接示波器。
找到后备箱控制器，将示波器探针搭铁线接地，信号探针连接到后备箱控制器的LIN模块。
第三步：读取LIN波形。
将示波器电压调整至5V，进行波形读取，暂停后调整波形，此时便可以读取LIN的波形，操作起动开关变至OFF挡。

四、小结

通过本次实训，我们学习了LIN总线实车测试的方法，希望学生能掌握这些知识，让学生能独立完成对汽车LIN总线系统的检测。

项目一 汽车总线系统的检修

【学习评价表】

评价内容	配分	序号	具体指标	分值	得分 自评	组评	师评
作业准备	15	1	正确地穿戴工作服、安全鞋、手套等安全防护用品	5			
		2	了解 LIN 控制器的型号、引脚	5			
		3	准备好所需的工具仪器并确保能正常使用	5			
工作安全	25	4	不违章作业	5			
		5	遵守作业程序	5			
		6	无人员受伤或设备损坏	5			
		7	遵守工作制度	5			
		8	发现问题及时报告	5			
工作过程	35	9	掌握 LIN 控制器引脚	15			
		10	掌握示波器的使用	20			
职业素养	25	11	遵守规章制度	5			
		12	作业规范	5			
		13	流程正确	5			
		14	结果分析正确	5			
		15	工作效率高	5			
综合得分				100			

1.3　MOST 总线与 FlexRay 总线

【知识链接】

一、MOST 网络系统概述

MOST网络系统是指多媒体定向传输系统，是专为车辆开发的一种多媒体应用通信技术，是多媒体时代的车载电子设备所必需的高速网络、遥控操作及集中管理的方法等提出了方案。

MOST网络系统的特点：

① 保证在低成本的条件下，可达到24.8Mbit/s～150Mbit/s的数据传输速率；

② 无论是否有主控制器都可以工作；

③ 使用光缆优化信息传送质量；

④ 支持声音和图像压缩的实时处理；
⑤ 支持数据的同步传输和异步传输；
⑥ 发送器／接收器嵌有虚拟网络管理系统；
⑦ 支持多种网络连接方式；
⑧ MOST总线能传输数字音频信号、视频信号、图形，还能提供其他数据服务。

二、MOST 网络结构和原理

1. MOST 环形网络结构模型

MOST网络可以连接基于不同内部结构和内部实现技术的节点，它的拓扑结构可以是环形网、星形网或菊花链形网。MOST环形网拓扑结构如图1-34所示。

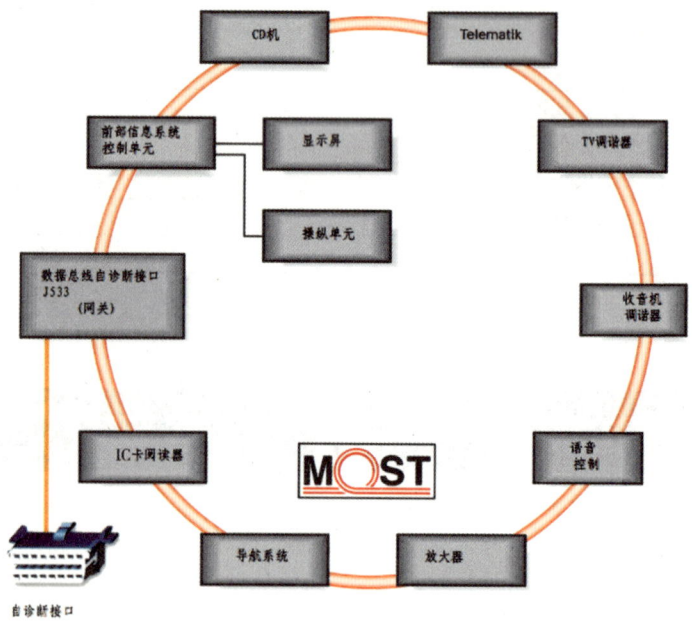

图 1-34　MOST 环形网络拓扑结构

2. MOST 的节点结构

MOST网络中有集中管理和非集中管理两种管理模式。集中管理模式中的管理功能由网络上的一个节点实施，当其他节点需要某些服务时，必须向这个节点申请。在非集中管理模式中，网络管理分布在网络上的节点中，不需要这种中心化的管理。

3. MOST 设备

连接到 MOST 上的任何应用层单元都是MOST设备。因为MOST设备是建立在MOST系统服务层上的，它可以应用MOST网络提供的信息访问功能以及位流传送的同步频道和数据报文异步传送功能。它可以向系统申请用于实时数据传送的带宽，同时还可以以报文形式访问网络和发送／接收控制数据。

4. MOST 总线系统管理器

MOST总线的管理由系统管理器完成，其作用有三点：

（1）控制系统状态；

（2）发送MOST总线信息；

（3）管理传输容量。

MOST总线系统管理示意图如图1-35所示。

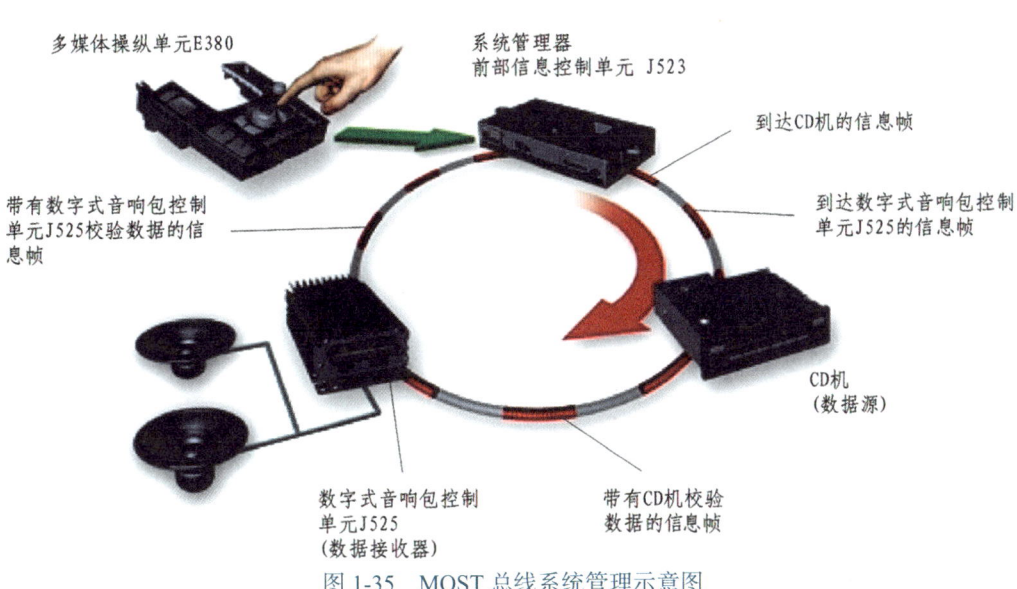

图 1-35　MOST 总线系统管理示意图

5. MOST 总线的工作过程

MOST总线的工作过程可分为系统起动和同步数据的传输。

（1）系统起动（唤醒）。

如果MOST总线处于休眠模式，那么首先必须通过唤醒过程将系统切换到就绪模式。如果某一控制单元唤醒了MOST总线，那么该控制单元就会向下一个控制单元发射伺服光波。环形总线上的下一个控制单元接收这个伺服光波并将该光波继续往下传。

（2）同步数据的传输。

在MOST系统中，音频和视频信息是作为同步数据传输的。

三、FlexRay 网络系统概述

1. FlexRay 简介

FlexRay作为一种较新的通信系统，其开发目标是在电气与机械电子组件之间实现可靠、实时、高效的数据传输，以确保满足未来新型汽车网络技术的需要。FlexRay标志如图1-36所示。

图1-36　FlexRay 标志

2. FlexRay 的优点

FlexRay采用基于时间触发的运行机制，具有高带宽、容错性能好等特点，在实时性、可靠性以及灵活性等方面越来越凸显其优势。

FlexRay总线具有以下优点：

（1）数据传输速率较高（可达10Mbit/s）；

（2）可以保证确定性数据的可靠传输；

（3）可采用分布式时钟同步方式；

（4）数据通信的可靠性好；

（5）支持系统集成，灵活性好。

3. FlexRay 的总线拓扑结构和特性

（1）总线拓扑结构。

总线拓扑结构分为线形总线拓扑结构（如图1-37所示）、星形总线拓扑结构（如图1-38所示）和混合式总线拓扑结构。

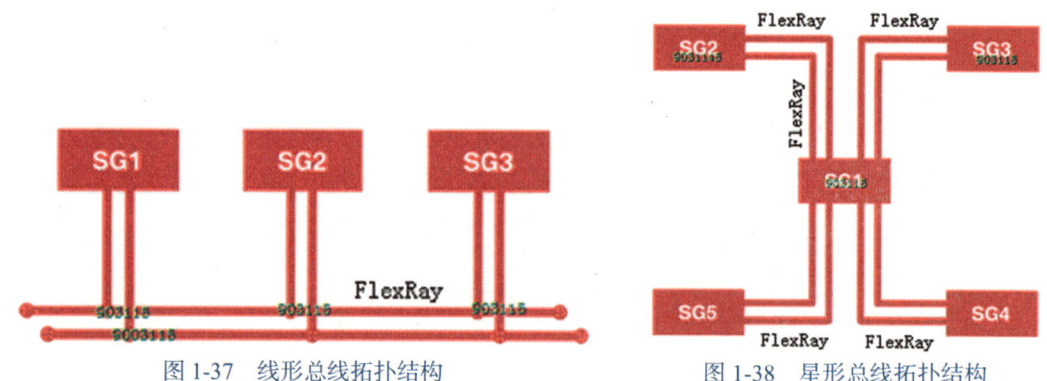

图1-37　线形总线拓扑结构　　　图1-38　星形总线拓扑结构

（2）冗余数据传输。

这样的结构使FlexRay具有冗余数据传输的特性，即使某一总线导线断路，也必须确保数据能继续可靠地传输。冗余数据传输总线拓扑结构如图1-39所示。

项目一　汽车总线系统的检修

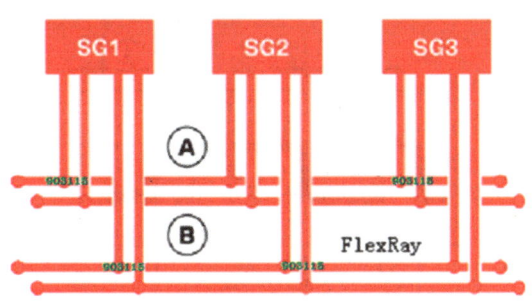

图 1-39　冗余数据传输总线拓扑结构

（3）信号特性。

FlexRay的总线信号必须在规定范围内。无论在时间轴上还是电压轴上，总线信号都不应进入内部区域，如图1-40所示。

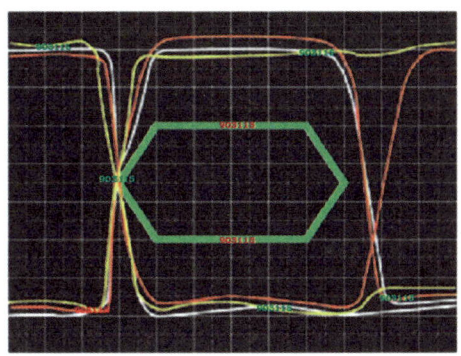

图 1-40　信号特性

（4）确定性数据传输。

FlexRay是一种基于时间触发方式的总线系统，它也可以通过事件触发方式进行部分数据传输。也就是说，FlexRay可以很好地兼容时间触发和事件触发这两种触发方式，从而更好地兼顾重要的确定性数据传输和非确定性数据传输。

（5）休眠和唤醒特性。

FlexRay的唤醒信号曲线如图1-41所示，从中可以清楚地看出车门开锁和起动时的典型的电压曲线。

阶段①：驾驶员用车钥匙或遥控器将车门开锁。CAS控制单元启用唤醒脉冲并通过唤醒导线将车门开锁信号传输给所连接的FlexRay控制单元。

阶段②：打开车门，进入车内。在将车钥匙插入点火开关之前，由于总线端R仍处于断开状态，总线系统内的信号电平再次下降。

阶段③：将车钥匙插入点火开关，起动发动机，总线端R接通，则总线系统内的信号电平保持在设定值，直至再次关闭总线端R。

阶段④：关闭发动机，拔出车钥匙，锁好车门。此时，总线端R再次处于断开状态，FlexRay总线系统进入休眠模式，以免耗电过多。

— 25 —

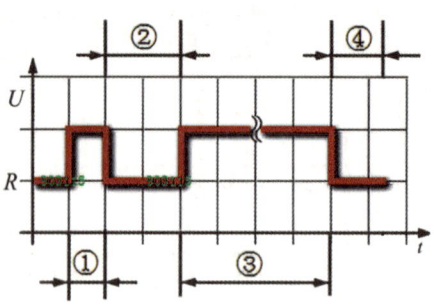

图 1-41　FlexRay 的唤醒信号曲线

1.4　大众车系总线系统

【学习目标】

大众车系总线系统

❀　知识目标

1. 掌握大众车系常用的总线系统；
2. 了解大众车系总线系统的特点、应用范围和优势；
3. 了解大众车系总线系统的网络架构和拓扑结构；
4. 了解大众车系总线系统在不同车型和功能模块中的应用情况；
5. 了解大众车系总线系统与其他车辆子系统的集成和协作关系。

❀　能力目标

1. 能够识别和理解大众车系中使用的总线系统，并根据需求进行正确的连接和配置；
2. 能够对大众车系总线系统进行排查故障和监测，使用专业工具进行通信测试和数据分析；
3. 能够对与大众车系总线系统相关的技术文档进行阅读、理解和应用；
4. 具备基本的大众车系总线系统集成和协作的意识，能够与其他车辆子系统进行交互和集成测试；
5. 具备对大众车系总线系统发展趋势和相关新技术的持续学习和更新的意愿。

❀　素质目标

1. 培养排查故障的能力，培养独立思考和学习的能力；
2. 培养团队合作和沟通协调的能力，培养与他人合作解决问题的能力；

3. 培养严谨和细致的工作作风，培养注重细节和质量的意识；
4. 培养对汽车电子技术和总线系统的兴趣和热情，以及持续学习和更新知识的意愿。

一、大众车系总线系统

1. 大众车系 CAN 网络的类型

目前，大众车系的CAN总线系统被划分为驱动系统、底盘系统、舒适系统、信息娱乐系统、诊断系统、扩展CAN六个局域网，并与LIN数据总线、MOST150数据总线通过网关构成一个完整的汽车网络体系，如图1-42所示。其中CAN总线速率为500Kbit/s，LIN总线速率为19.2Kbit/s，MOST150总线速率为150Mbit/s。

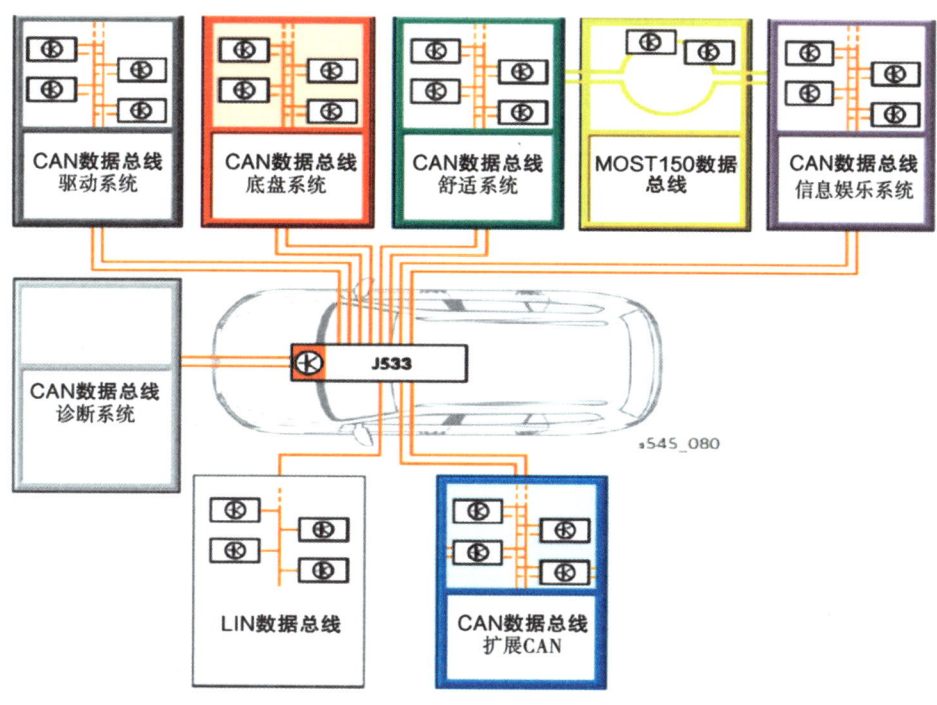

图 1-42 大众车系的 CAN 网络体系

上图分别展示了驱动系统、底盘系统、信息娱乐系统、舒适系统、扩展系统和诊断系统的网络结构，可以看出，各LIN控制器与CAN控制器连接，而所有的CAN控制器均与网关相连，其主要系统间的连接方式如图1-43至图1-47所示。

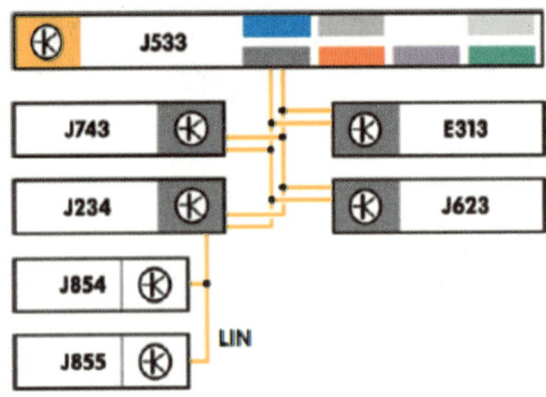

图 1-43 驱动系统与 CAN 总线

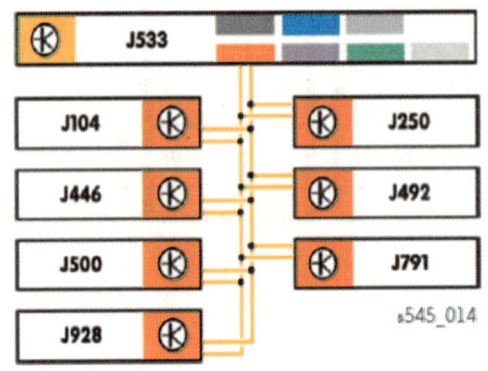

图 1-44 底盘系统与 CAN 总线

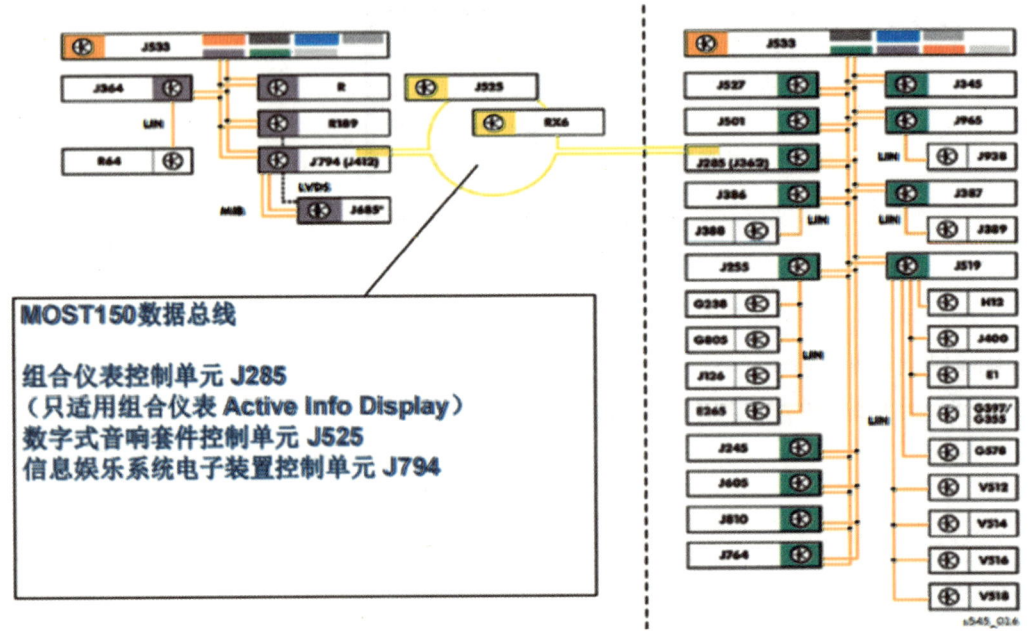

图 1-45 信息娱乐系统与 CAN 总线

项目一　汽车总线系统的检修

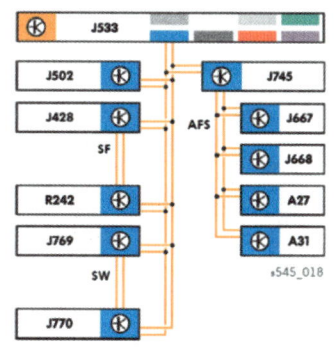

图 1-46　扩展 CAN 系统与 CAN 总线

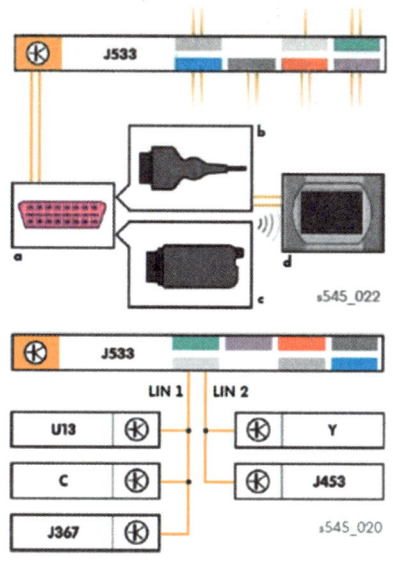

图 1-47　诊断系统与 CAN 总线

二、网关与诊断系统的 CAN 总线

1. 网关的作用与工作原理

网关（gateway）是在采用不同体系结构或不同协议的网络之间进行互通时，用于提供协议转换、数据交换等网络兼容功能的设备，如图 1-48 所示。

网关在传输层上用于实现网络互联，是较复杂的网络互联设备，多用于两个高层协议不同的网络之间的互联。网关既可以用于广域网互联，也可以用于局域网互联。

网关的作用：

（1）网关可以把局域网上的数据转换成可以识别的OBD II诊断数据语言，方便诊断；

（2）网关可以实现低速网络和高速网络的信息共享；

（3）与计算机系统中的网关作用相似，负责接收和发送信息；

（4）激活和监控局域网络的工作状态；

— 29 —

（5）实现汽车网络系统内数据的同步控制；

（6）对各种数据总线发送过来的数据报文（信息标识符）进行翻译。

通过整车的拓扑结构可以看出，不同的数据总线通过网关得以协同工作。

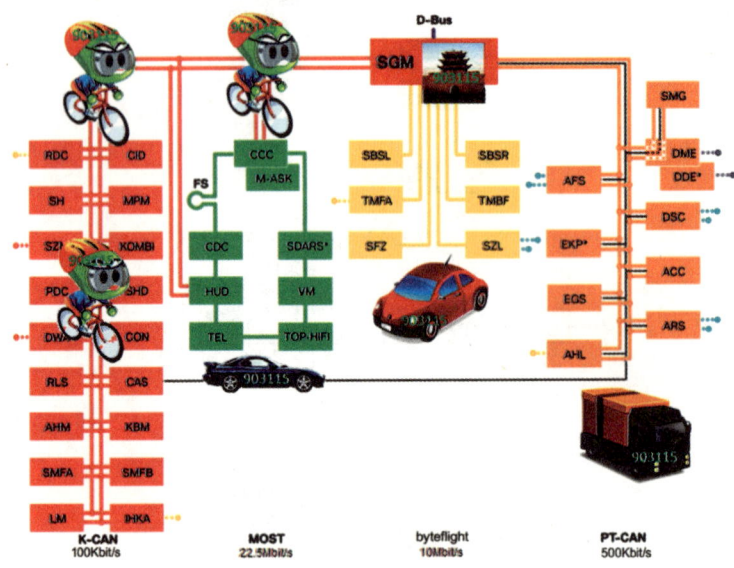

图 1-48　不同类型数据总线通过网关相互通信、协同工作

2. 诊断系统的 CAN 总线

在上文所示的汽车网络系统中，各个控制单元的诊断数据经各自的数据总线传输到网关 J533，再由网关利用诊断系统的 CAN 总线传输到故障诊断接口，如图 1-49 所示。

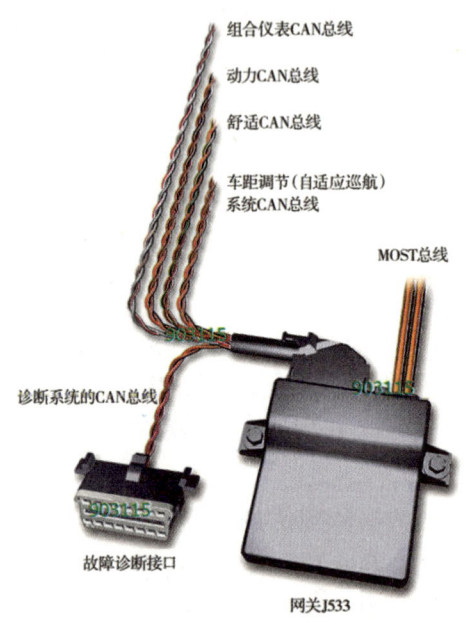

图 1-49　诊断数据经网关（J533）传输到故障诊断接口

诊断系统的CAN总线取代K诊断总线（K线或L线）之后，对车上的故障诊断接口也进行了改进。新型诊断接口的引脚分布如图1-50所示，其诊断连接线缆如图1-51所示。

图 1-50　新型诊断接口的引脚分布　　　图 1-51　与诊断 CAN 总线匹配的新的诊断连接线缆

汽车故障诊断仪与故障诊断接口进行连接，在连接后便可对汽车故障进行诊断，如图1-52所示。

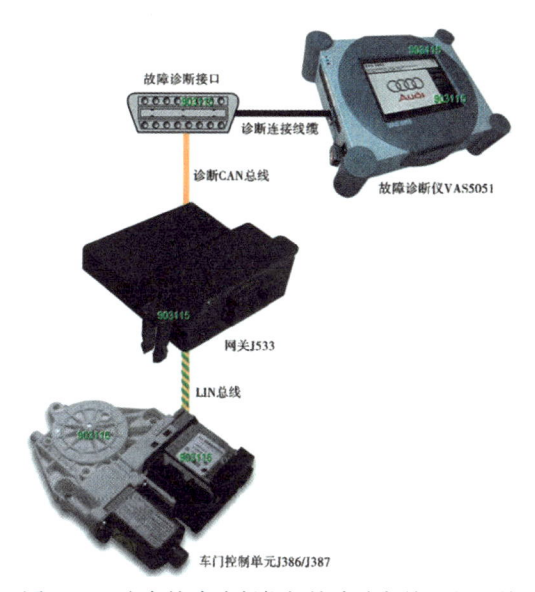

图 1-52　汽车故障诊断仪与故障诊断接口的连接

三、车载以太网

1. 车载以太网简述

车载以太网作为一种新的车载网络体系在整车OTA（无线网的空中下载技术）的支持下开始大规模应用，如图1-53所示。

当网络负荷较大时，数据传输的不确定性不能满足工业控制领域的准确定时通信的实时性要求，故传统以太网技术难以直接在汽车中应用。车载以太网在传统以太网协议的基础上，通过改变物理接口的电气特性，显著提升了其电磁兼容性能，可以满足车内环境对电磁兼容性能的严苛要求。

目前，主流的车载以太网的技术标准是以美国博通公司的BRR技术为基础，电气与电子工程师协会（IEEE）已经完成对100Mbit/s车载以太网技术的标准化，正在对1Gbit/s传输速率的车载以太网进行标准化。

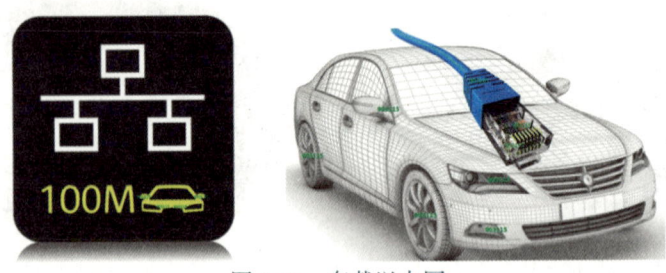

图 1-53　车载以太网

车载以太网在单对非屏蔽双绞线上可实现100Mbit/s至1Gbit/s，甚至更高的数据传输速率，同时还能满足汽车行业对高可靠性、低电磁辐射、低功耗、带宽分配、低延迟以及同步实时性等方面的要求。

2. 车载以太网的标准化

（1）IEEE。

IEEE 802.3局域网标准代表了业界主流的以太网技术，车载以太网技术是在IEEE 802.3标准的基础上开发的。因此，IEEE（电气和电子工程师协会）是车载以太网国际标准的制定机构。

（2）OPEN联盟。

OPEN联盟的主要标准化目标有以下几项：

① 制定100Mbit/s Broad R-Reach的物理层标准并将其推广成为开放的产业标准。

② 在相关标准化组织中鼓励和支持开发更高速的物理层技术规范。

③ 制定开放的互通性要求，选择第三方执行互操作性测试。

（3）AUTOSAR。

AUTOSAR定义了一套汽车ECU内部的软件架构，同时还提出了一套完善的支持分布式汽车电子软件系统开发和应用的开发方法，标准化了开发流程中的交换格式，使汽车电子软件系统可以方便地在不同的汽车硬件平台上移植，缩短了开发周期，降低了开发成本。

AUTOSAR制订的规范包括车用TCP/UDP/IP协议栈，已获得汽车行业的普遍认可。

因此AUTOSAR在确保产品及服务质量的同时，也降低了系统开发成本，提高了工作效率。

项目二 电动车窗的检修

项目概述

现代汽车对车窗的易用性和便捷性提出了很高的要求,电动车窗已经成为汽车的通用配置。驾驶员或者乘员坐在座位上,可利用开关使车门玻璃完成升降,操作简便且有利于行车安全,电动车窗已经成为各个主机厂车窗设计时的首选。

本项目包含了 6 个基本学习任务,分别是电动车窗的认知、电动车窗玻璃升降器系统工作原理、迈腾 B8 玻璃升降器控制原理、车窗玻璃的儿童安全锁及防夹功能、驾驶员侧总开关无法控制所有玻璃升降器工作故障检测、驾驶员侧开关无法控制左后车门玻璃升降器工作故障检测。

【学习目标】

知识目标

1. 了解电动车窗的组成及功能;
2. 掌握电动车窗的工作原理。

能力目标

1. 能识读与分析电动车窗电路;
2. 学会电动车窗各部件检测及常见故障诊断与排除方法。

素质目标

1. 树立安全第一的思想,注意个人安全、他人安全、设备安全;
2. 保持作业环境卫生,设备、设施干净整洁;
3. 具有安全规范操作意识,遇事不慌,临危不惧,遵守各项实习工作的安全管理规定。

2.1 电动车窗的认知

【知识链接】

电动车窗的认知

一、电动车窗的作用

电动车窗是指通过动力使车窗玻璃受控地完成升降的车窗。

驾驶员或乘员操纵开关接通车窗升降电动机的电路,电动机产生的动力通过一系列的机械传动,使车窗玻璃按需求升降。电动车窗由于其操作简便、可靠的优点,在现代汽车上得到了广泛的应用。

二、电动车窗的基本功能

1. 手动升降;
2. 一键直升降;
3. 全方位开启或关闭;
4. 防夹功能;
5. 车窗锁止功能。

一些车型的后排车窗配有遮阳帘,方便乘员休息,如图2-1所示。有些遮阳帘可以实现电动开闭,无须手动操作,如图2-2所示。

图 2-1　配有遮阳帘的后排车窗

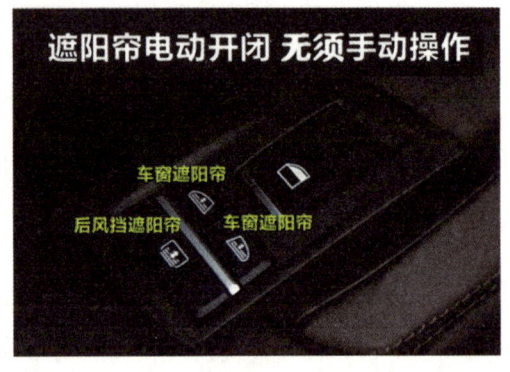

图 2-2　遮阳帘控制开关

三、电动车窗的组成

电动车窗系统主要由车门控制模块、车窗玻璃、车窗玻璃升降器、电动机、霍尔传感器和控制开关(主控开关和分控开关)等组成,如图2-3所示。

项目二　电动车窗的检修

控制开关　　　车门控制模块　　　电动机

图 2-3　电动车窗系统的部分组成结构

下面主要介绍车门控制模块、车窗玻璃升降器、车窗电动机。

1. 车门控制模块

车门控制模块是系统大脑，其作用是将接收到的各种控制信息（如电动车窗开关、门锁开关等信息）经过处理后，控制电动车窗、门锁、后视镜等工作。

2. 车窗玻璃升降器

常见的车窗玻璃升降器有绳式和齿扇式两种。

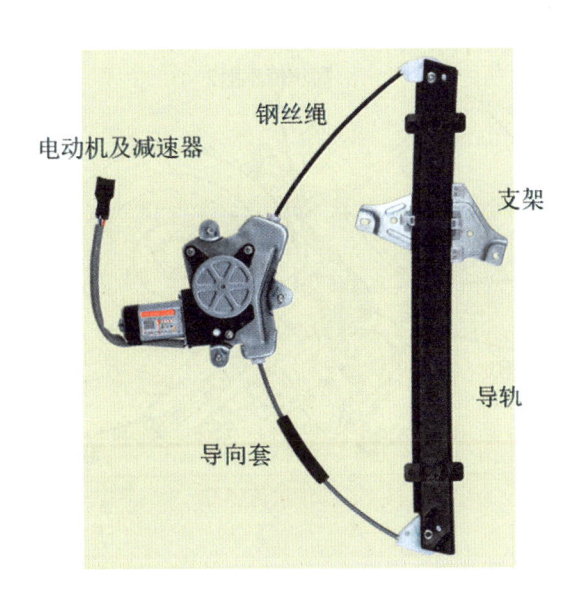

（1）绳式车窗玻璃升降器。

绳式车窗玻璃升降器主要由钢丝绳、支架、导轨、导向套、电动机及减速器组成，如图2-4所示。

图 2-4　绳式车窗玻璃升降器

（2）齿扇式车窗玻璃升降器。

齿扇式车窗玻璃升降器主要由电动机、驱动齿扇、支架与导轨、调整杆等组成，如图2-5和图2-6所示。

— 35 —

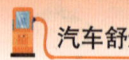

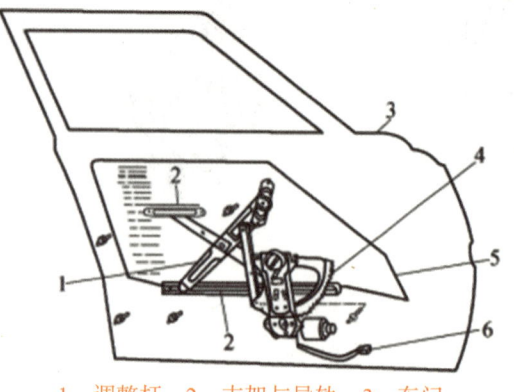

1—调整杆　2—支架与导轨　3—车门
4—驱动齿扇　5—车窗玻璃　6—电动机及插座
图 2-5　齿扇式车窗玻璃升降器组装示意图

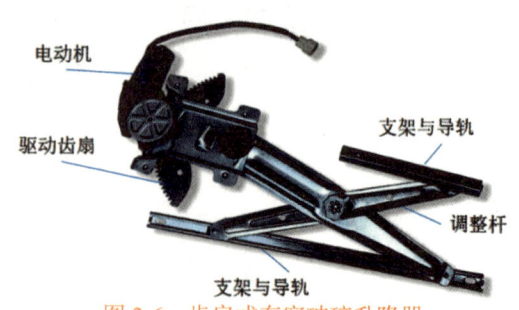

图 2-6　齿扇式车窗玻璃升降器

3. 车窗电动机

车窗电动机采用的是双向转动的直流电动机，分为双向永磁式或双绕组串励式两种。有的电动机和车门控制单元集成为一体，有的电动机是单独存在的。

四、电动车窗控制电路分析

电动车窗的电动机装有2个霍尔传感器，可监视电动机的转速和转数，如图2-7所示。

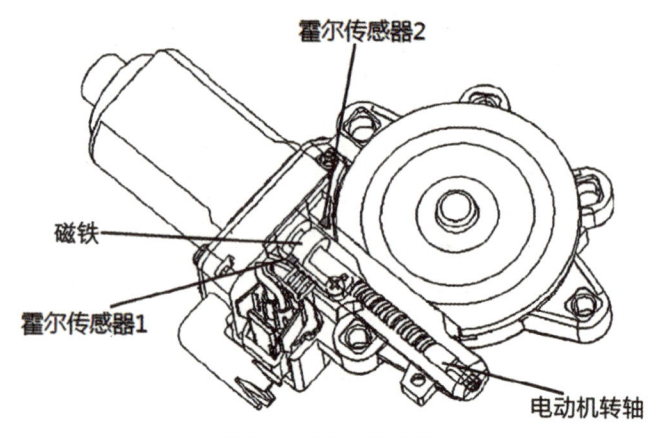

图 2-7　霍尔传感器

1. 电动机及控制单元

在配备车门控制单元的汽车上，每个车门都有一个控制单元和车窗电动机，有些车型的电动机是独立的，有些车型的电动机是集成到车门控制单元内部的，如图2-8所示。有些没有车门控制单元的汽车，会用玻璃升降开关直接控制电动机。

项目二　电动车窗的检修

图 2-8　车窗总布置示意图

2. 主开关、分开关与总开关

驾驶员侧有主开关，主开关上分别有控制四个车门玻璃升降的分开关，还有车门玻璃锁止的总开关，总开关锁止后，副驾驶位及后排乘员都无法控制玻璃升降。在副驾驶位和后排两侧车门上分别有三个分开关，控制各自车门的玻璃升降，如图2-9所示。

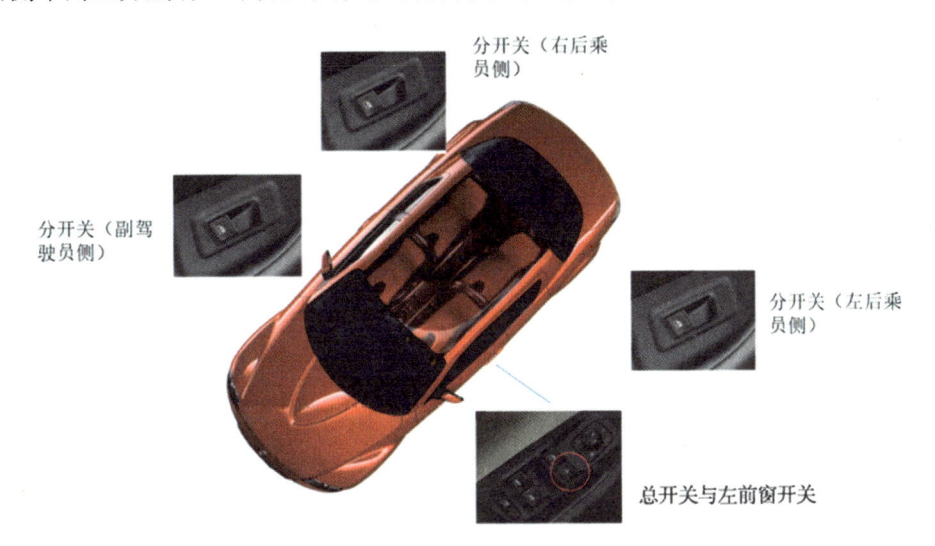

图 2-9　车窗开关示意图

3. 电动车窗的正确使用和保养

（1）电动车窗的耗电量较大，在慢车状态下激活时会使引擎声音发生变化，所以电池较弱的汽车，注意不要将车窗同时开或关。

（2）为使玻璃顺利滑动，重要的是尽量减少阻力。玻璃的污损也会成为阻力，应保持车窗的洁净。当玻璃与导轨的滑动状况差时，可涂上橡胶保养剂。

（3）要注意，车窗机械部分的润滑及清洁。电动开关车窗动作不顺畅的原因多为车门内部升降机里的油分耗尽，应取下内盖加上油。取下内盖，剥开下面防水用的塑料纸，露出车窗的升降器，取下隐蔽螺丝钉，拆下快动开关即可。然后一边上下移动，一边喷涂就可以让很细小的部分也能涂上了。

— 37 —

以下3种情况需重新学习电动车窗相关知识，否则一键直升降功能或防夹功能有可能会失效。

（1）实现防夹功能三次以后。

（2）更换蓄电池或车窗电动机以后。

（3）频繁操作车窗玻璃的升降。

2.2 电动车窗玻璃升降器系统原理

1. 永磁式直流电动机电动车窗的电路及工作原理

永磁式直流电动机电动车窗通过改变电动机电枢的电流方向来改变电动机的旋转方向，从而实现车窗玻璃的上升或下降。永磁式直流电动机电动车窗电路图如图2-10所示。

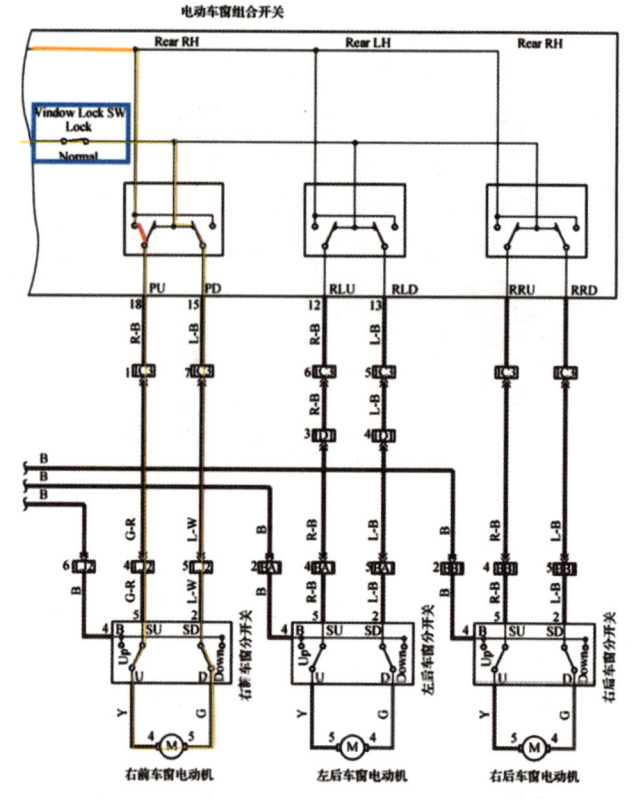

图 2-10 永磁式直流电动机电动车窗电路图

将总开关上的车窗锁开关闭合，则所有的车窗随时可进入工作状态；若总开关上的车窗锁开关断开，则只有驾驶员侧车窗的操作可以进行。

2. 双绕组串励式直流电动机电动车窗的电路及工作原理

双绕组串励式直流电动机有两个绕向相反的线圈绕组，一个称为上升绕组，一个称为下降绕组，在给不同的绕组通电时，会产生相反方向的磁场，电动机的旋转方向也就不同，其转盘带动传动机构，实现车窗玻璃的上升或下降。在各种电动车窗电路中，均有断路保护器，以免电动机因超载而烧坏。双绕组串励式直流电动机电动车窗逻辑示意图如图2-11所示。

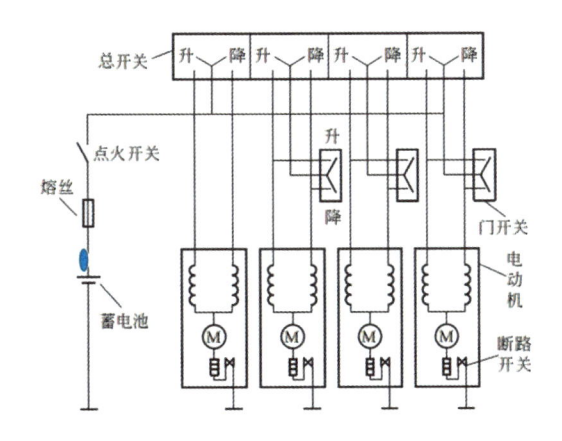

图 2-11　双绕组串励式直流电动机电动车窗逻辑示意图

以迈腾B8为例介绍电动车窗系统的工作原理：

图2-12所示的迈腾B8的电动车窗包含一个总开关，在驾驶员侧车门（图中标为左前车门，下同）上，可控制所有车门的玻璃升降。剩下3个车门上各有一个开关，独立控制各自车门的玻璃升降。

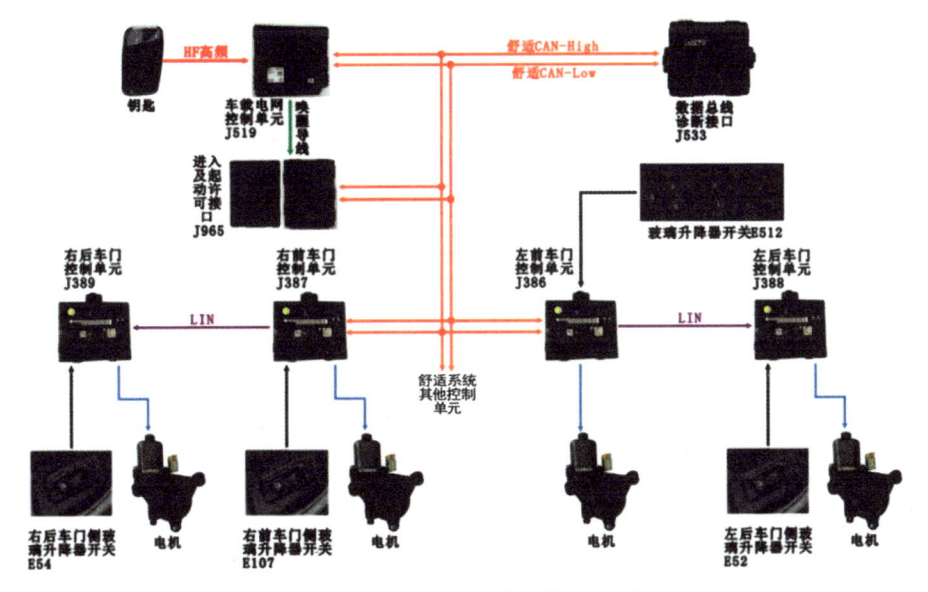

2-12　迈腾B8电动车窗工作原理图

每个车门都有各自的控制单元，控制单元接收开关信号，然后将信号传递给执行器——电机。

主驾驶位总开关控制主驾驶位玻璃升降的工作原理：

如图2-13所示，操作主驾驶位总开关E512上的左前车门玻璃升降分开关，开关信号通过导线传递给左前车门控制单元J386，J386将接收到的信号转化为电压信号并传递给电机，电机开始工作。

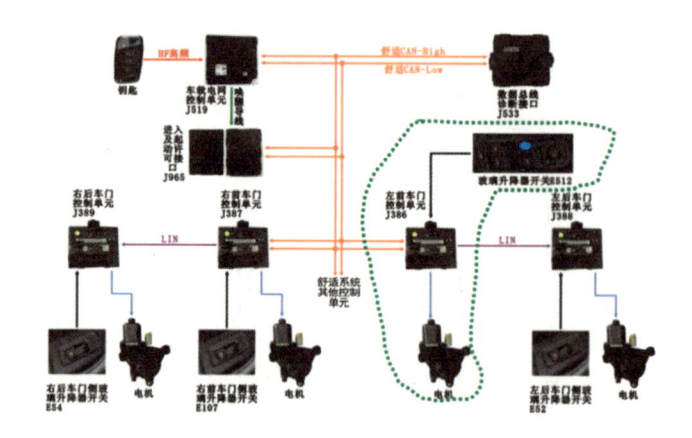

图2-13 主驾驶位总开关控制主驾驶位（左前车门）玻璃升降工作原理图

主驾驶位总开关控制副驾驶位（右前车门）玻璃升降的工作原理：

如图2-14所示，操作主驾驶位总开关E512上的副驾驶位玻璃升降分开关，开关信号通过导线传递给左前车门控制单元J386，J386将接收到的信号通过CAN总线传递到右前车门控制单元J387，J387将信号转化为电压并传递给电机，电机开始工作。

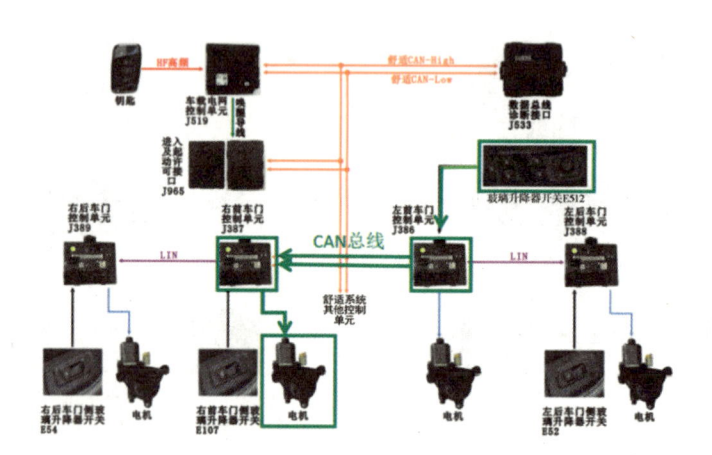

图2-14 主驾驶位总开关控制副驾驶位玻璃升降工作原理图

主驾驶位总开关控制右后车门侧玻璃升降工作原理：

如图2-15所示，操作主驾驶位总开关E512上的右后车门玻璃升降分开关，开关信号通过导线传递给左前车门控制单元J386，J386将接收到的信号通过CAN总线传递到右前车门控制单元J387，J387将信号通过LIN总线传递给右后车门控制单元J389，J389将信号转化为电压并传递给电机，电机开始工作。

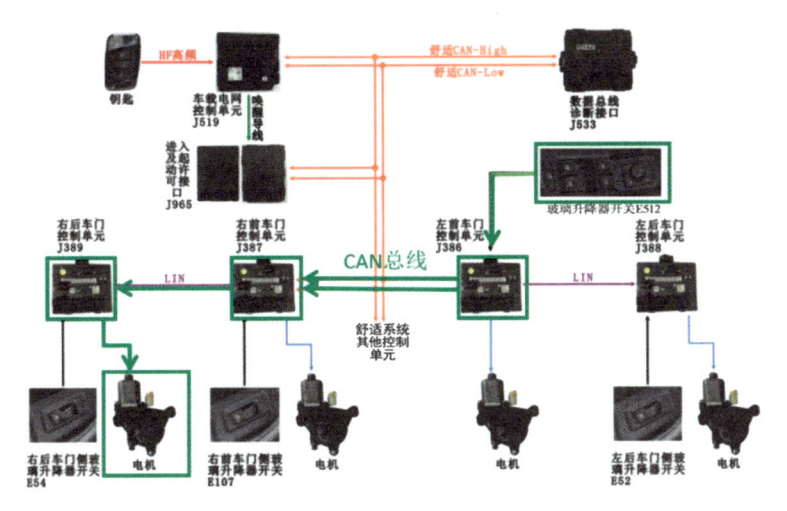

图2-15 主驾驶位总开关控制右后车门侧玻璃升降工作原理图

主驾驶位总开关控制左后车门侧玻璃升降的工作原理：

如图2-16所示，操作主驾驶位总开关E512上的左后车门玻璃升降分开关，开关信号通过导线传递给左前车门控制单元J386，J386将接收到的信号通过LIN总线传递给左后车门控制单元J388，J388将信号转化为电压并传递给电机，电机开始工作。

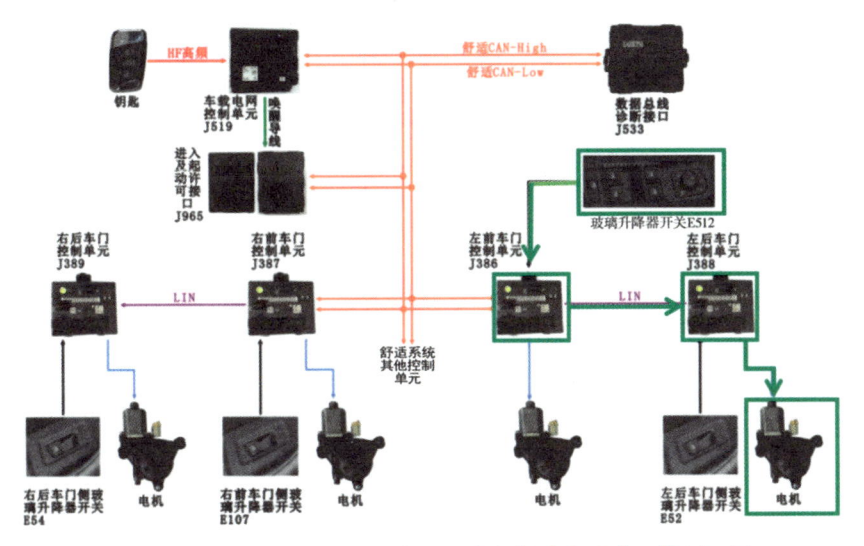

图2-16 主驾驶位总开关控制左后车门侧玻璃升降工作原理图

左后车门开关控制左后车门侧玻璃升降的工作原理：

如图2-17所示，左后座位乘员操作左后车门的玻璃升降开关E52，开关信号通过导线传递给左后车门控制单元J388，J388将信号转化为电压并传递给电机，电机开始工作。右前车门与右后车门的开关控制与之雷同。

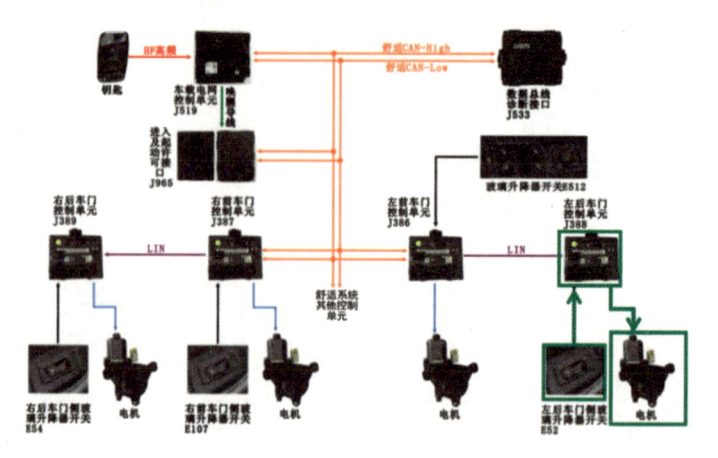

图 2-17　左后车门开关控制左后车门侧玻璃升降工作原理图

2.3　迈腾 B8 玻璃升降器控制原理

下面以迈腾B8玻璃升降器为例，我们具体来看它们是如何工作的。

驾驶员侧总开关（如图2-18所示），在驾驶员侧车门上，这个总开关可以控制4个车门的车窗玻璃升降，所以总开关E512上有4个开关，分别是E710——驾驶员侧前部车窗玻璃升降器按钮，E711——左后车门车窗玻璃升降器按钮，E713——右后车门车窗玻璃升降器按钮，E716——右前门车窗玻璃升降器按钮。

迈腾 B8 玻璃升降器故障分析

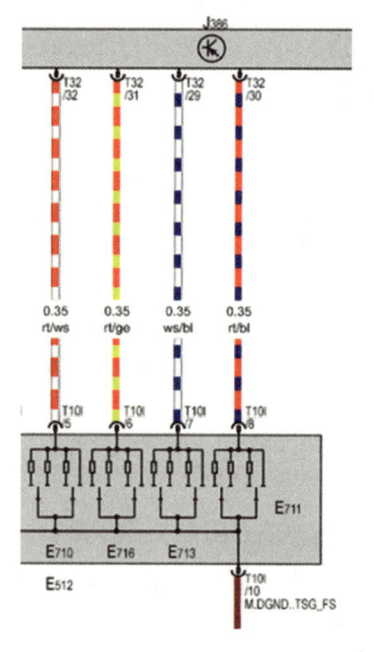

图 2-18　驾驶员侧总开关电路图

开关E107在右前车门上，J387为右前车门控制单元，从开关E107到车门控制单元J387共3条线，如图2-19所示。从左数第一条灰色线为开关按钮的背景灯，在操作开关E107时，该背景灯也点亮。第二条白紫相间的线为开关的信号线，将开关信号传递到J387。第三条红色线为接地线，当车辆的示宽灯点亮时，该条接地线起作用（电压变为0V），开关背景灯点亮。

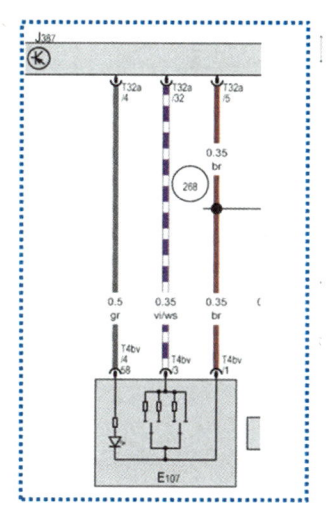

图 2-19　副驾驶侧开关 E107 电路图

开关E52在左后车门上，J388为左后车门控制单元，从开关E52（如图2-20所示）到车门控制单元J388也有3条线，同样，第一条灰色线为开关按钮的背景灯，第二条白紫相间的线为开关信号线，第三条红色线为接地线。

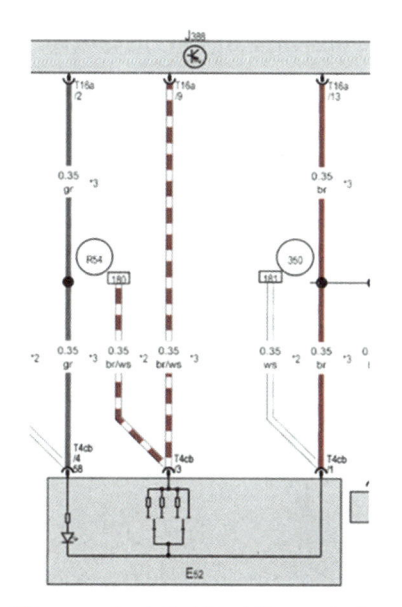

图 2-20　左后乘员侧开关 E52 电路图

开关E54（如图2-21所示）在右后车门上，J389为右后车门控制单元，从开关E54到车门控制单元J389有3条线，同样，第一条灰色线为开关按钮的背景灯，第二条白紫相间的线为开关信号线，第三条红色线为接地线。

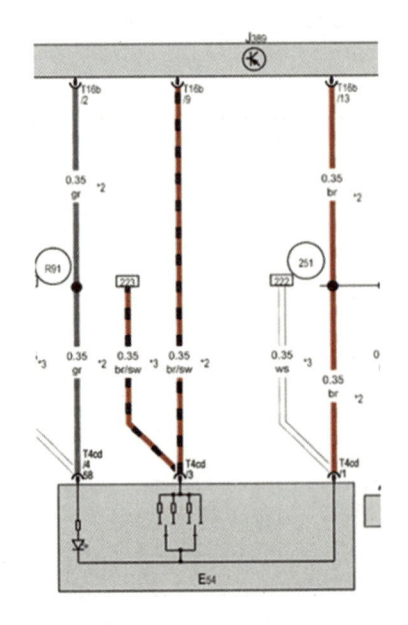

图 2-21　右后乘员侧开关 E54 电路图

无论是驾驶员侧的分开关还是其他车门开关，开关内部都有4条线。

以右前门上的开关为例，如图2-22所示，4条线路分别对应4个功能按钮，分别是让车窗玻璃逐点上升、一键直升、逐点下降、一键直降。开关内部4条线上的电阻不相同，被称为"电阻—分压"结构，当开关处于不同的挡位时，信号电路上就会产生一个对应的电压。

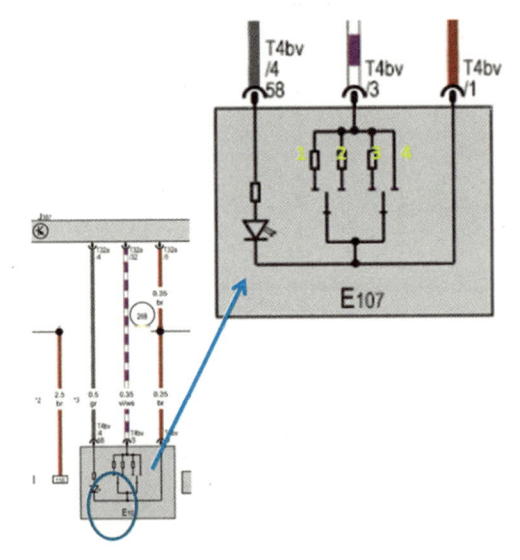

图 2-22　副驾驶员侧开关电路图

开关内部的控制电路图如图2-23所示，首先J387通过T32a/32输出一个参考电压给开关E107的端子，同时通过该端子为开关提供搭铁回路。在使用开关的四个功能时，该条线路上的电压会产生相应的变化，J387检测线路的电压，根据此电压确定开关处于哪种状态（逐点上升、一键直升、逐点下降、一键直降），从而控制升降器电动机做相应的运转。

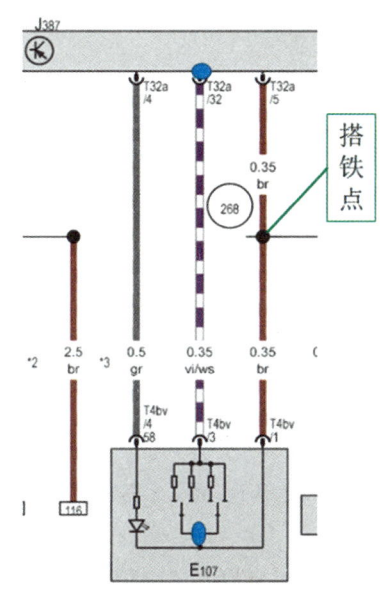

图 2-23　开关内部电路图

V15为右前门玻璃升降电动机，它共有两个端子，如图2-24所示，分别连接到右前车门控制单元J387的两个端子，当车门控制单元给电机的供电电流方向改变时，电机的运转方向就会改变，从而实现电动机的正向或反向转动，进而控制玻璃升降。

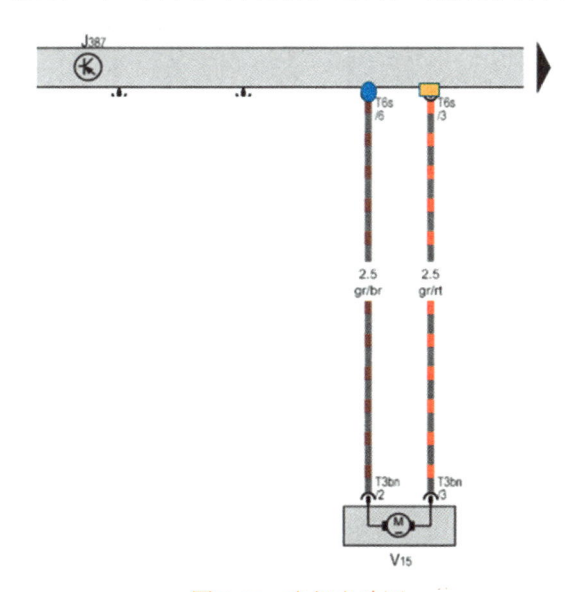

图 2-24　电机电路图

不同的开关功能，其输入控制单元的电压不一样，一键直升时开关输出的电压为1V左右，逐点上升时开关输出的电压约2V，一键直降时开关输出的电压为0V，逐点下降时开关输出的电压为0.5V左右。

注意：执行相同的车窗玻璃动作时，四个车门的电压都一样，例如，一键直升时，无论是哪个车门，开关输出的电压都是1V左右。

2.4 车窗玻璃的儿童安全锁及防夹功能

儿童安全锁的目的是防止儿童在副驾驶位、后排左右座位上有意或无意地操作玻璃升降而导致安全事故。儿童安全锁是目前车辆上的必备装置。

打开儿童安全锁，除主驾驶位外，其余三个车门上的车窗玻璃升降都不能由各自的车门开关控制。

儿童安全锁的主要部件有开关E318、左前车门控制单元J386、右前车门控制单元J387、左后车门控制单元J388、右后车门控制单元J389、右前门、左后车门、右后车门玻璃升降电动机。

如果是初次按下E318，代表驾驶员想让除驾驶员侧外所有的车门操控按钮功能锁止；如果再次按下E318，代表驾驶员想让除驾驶员侧外所有车门操控按钮功能解锁。

E318是儿童安全锁按钮，如图2-25所示，按下该按钮后，E318的输出到车门控制单元的电压由大约5V变为0V。

车窗玻璃的儿童安全锁及防夹功能

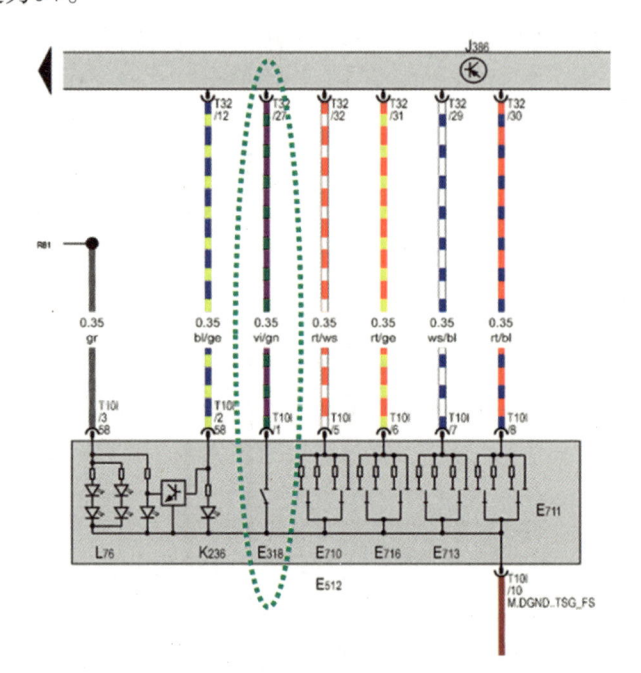

图 2-25　儿童安全锁按钮电路图

在初次按下开关E318时，J386通过T32/27输出一个参考电压给儿童安全锁开关E318的T101/1端子，同时通过T101/1端子为开关提供搭铁回路。T101/1至T32/27这条线路上的电压会产生相应的变化，J386感知线路电压，一方面通过LIN总线传送给左后车门控制单元J388，J388根据信号电压决定是否锁止左后车门玻璃升降电动机；另一方面通过CAN总线传送给右前车门控制单元J387，再通过LIN总线传送给右后车门控制单元J389，J389根据信号电压决定是否锁止右后玻璃升降电动机。

迈腾B8车窗玻璃在手动上升和自动上升的过程中都带有防夹手功能。

车窗玻璃在上升过程中的阻力变化与车窗玻璃到达终点时的阻力不一样，后者的阻力远远大于前者。当玻璃上升时，若夹住物体，由于阻力增大且变化导致电动机电流增大和变化，控制单元检测到阻力（电流）增大、变化，会立即改变电动机的控制方向，车窗玻璃立即下降至中间位置。

车窗玻璃到达终点（车窗顶部或底部）时，阻力基本恒定（电动机电流恒定），且到达终点时电动机电流过载，控制单元检测到这个过载电流后停止对电动机供电，车窗玻璃完全关闭或完全打开。

2.5　驾驶员侧总开关无法控制所有玻璃升降器工作故障检测

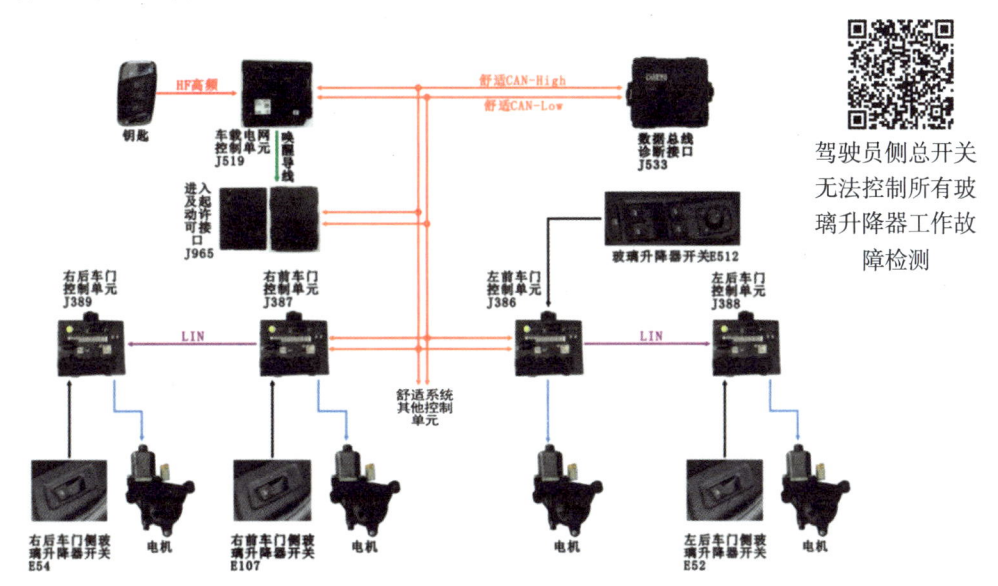

根据车窗玻璃升降控制原理图（如图2-26所示），请大家分析一下，引起驾驶员侧总开关无法控制所有玻璃升降器工作的可能原因有哪些？

驾驶员侧总开关无法控制所有玻璃升降器工作故障检测

— 47 —

图 2-26　车窗玻璃升降控制原理图

遇到这个故障，我们一般不会怀疑，四个车门的车窗玻璃升降机都坏了。四车门各自损坏且故障现象相同几乎不可能。

分别操作其余三个门的玻璃升降开关，观察玻璃是否升降。

若左前门车窗玻璃能升降，说明副驾驶车门上的控制单元、控制单元到电机的导线、电机都正常。

左后车门和右后车门车窗玻璃也能升降，说明后排车门上的控制单元、控制单元到电机的导线、电机都正常。

剩下可能的故障原因：如图2-27所示，主驾驶位总开关供电及传输开关信号的导线出现故障。

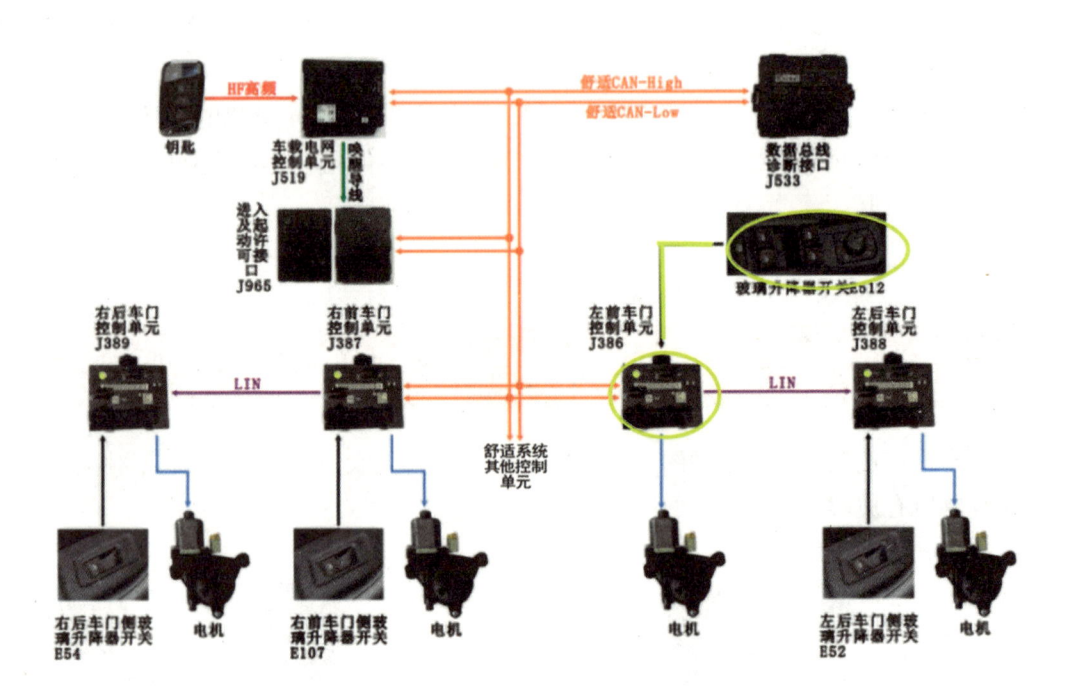

图 2-27　故障原因示意图

将故障范围缩小到开关E512、J386部分，根据图2-28进行分析，开关E512的背景灯正常，说明开关的接地线正常。

开关E710、E716、E711、E713到J386的线路同时损坏的可能性不大，J386自身损坏的可能性也不大，所以先测E512和J386的接地线。

测得J386接地端T20/20电压为2.8V，该端子的标准电压为0V，说明J386接地端断路。

对故障进行验证：关闭点火开关，连接该端与车身负极，测量电阻为无穷大，故障原因得以确定。

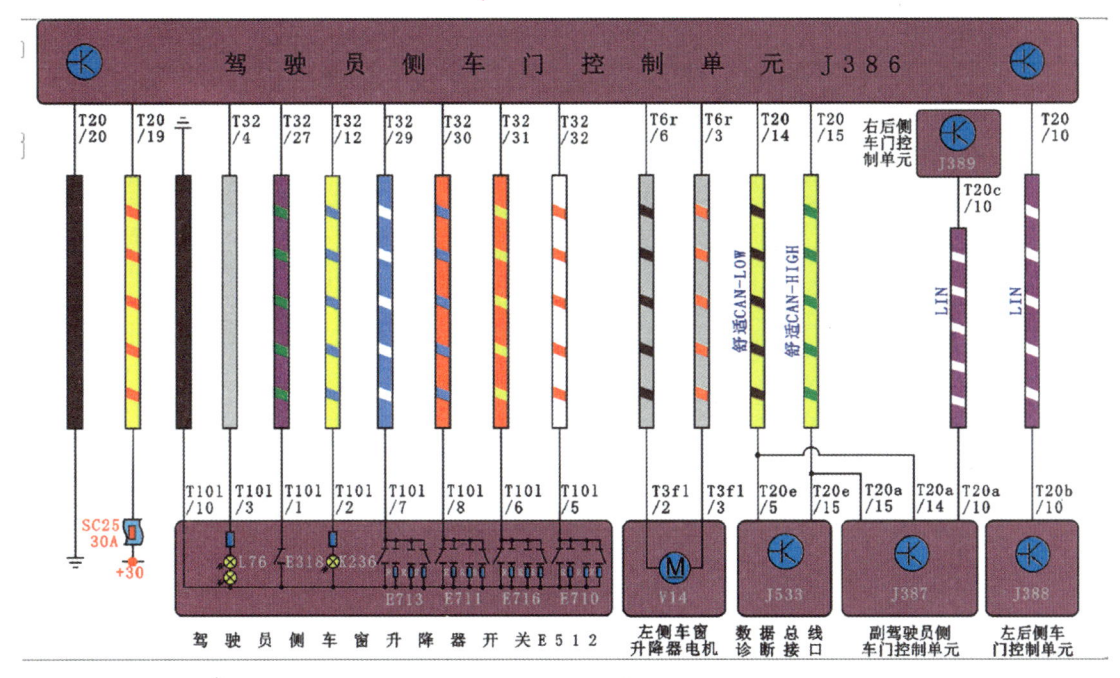

图 2-28　车窗玻璃升降控制电路

【实操训练】

任务要求：用户反映一辆迈腾汽车电动车窗系统不能工作，请进行检查并排除故障。通过任务实施，能识读与分析电动车窗电路，学会电动车窗各元部件检测及常见故障诊断与排除方法。

一、实施准备

（1）安全操作及注意事项：
（2）选用的工具和设备：
（3）故障信息：

二、检测步骤

（1）故障现象

（2）故障可能原因

（3）检测电动车窗控制开关

总开关测试

开关位置		开关端子号	状态
OFF		----	不导通
左前门（驾驶员侧）	UP		
	DOWN		
右前门（副驾驶侧）	UP		
	DOWN		
左后车门	UP		
	DOWN		
右后车门	UP		
	DOWN		

分开关测试

开关位置		开关端子号	状态
OFF		----	不导通
右前门（副驾驶侧）	UP		
	DOWN		
左后车门	UP		
	DOWN		
右后车门	UP		
	DOWN		

（4）检测结果分析

（5）确定维修方法

【学习评价表】

评价内容	配分	序号	具体指标	分值	得分 自评	得分 组评	得分 师评
作业准备	15	1	正确地穿戴工作服、安全鞋、手套等安全防护用品	5			
		2	了解汽车的配置规格	5			
		3	准备好所需的工具仪器并确保工具仪器能正常使用	5			
工作安全	25	4	不违章作业	5			
		5	遵守作业程序	5			
		6	无人员受伤或设备损坏	5			
		7	遵守工作制度	5			
		8	发现问题及时报告	5			
工作过程	35	9	完成车门拆解工作流程	10			
		10	完成电动车窗检测工作流程	15			
		11	完成车门安装工作流程	10			
职业素养	25	12	遵守规章制度	5			
		13	作业规范	5			
		14	流程正确	5			
		15	无违章操作	5			
		16	工作效率高	5			
综合得分				100			

2.6 驾驶员侧开关无法控制左后车门玻璃升降器工作故障检测

首先要清楚左前门（驾驶员侧）开关控制左后车门玻璃升降的工作过程，按下驾驶员侧左后玻璃升降器开关E711，如图2-29所示，E711将信号传递给左前车门控制单元J386，信号再通过LIN总线传递给左后车门控制单元J388，J388将命令下发给左后玻璃升降电机。

驾驶员侧开关无法控制左后车门玻璃升降器工作

— 51 —

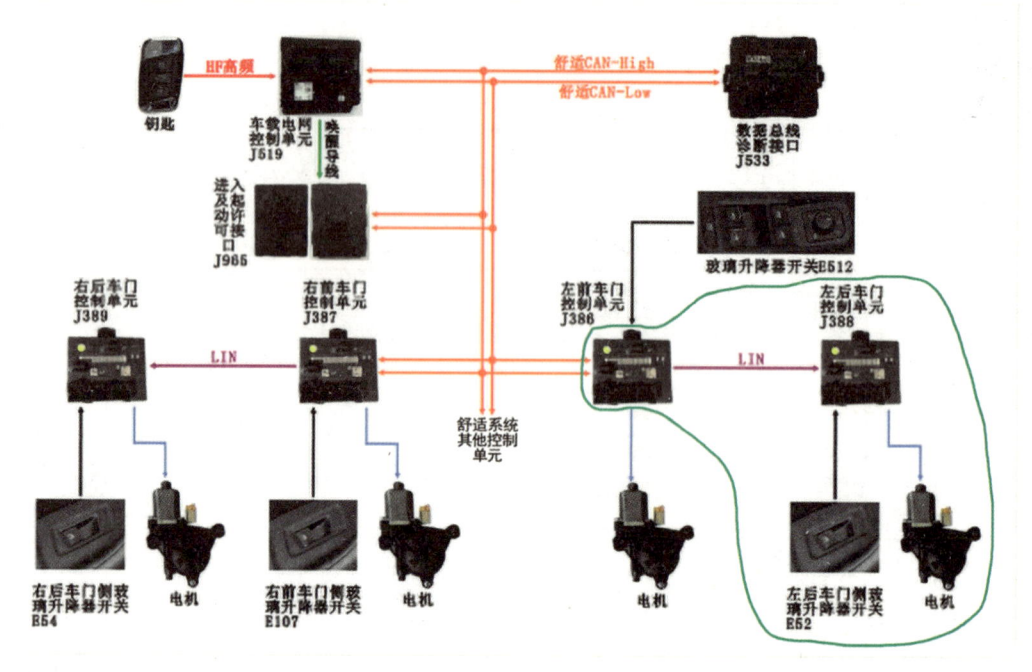

图 2-29　车窗玻璃工作原理图

  先去操作左后车门玻璃升降开关E52和左后车门玻璃能正常手动上升、自动上升、手动下降、自动下降，说明开关E52、左后车窗玻璃升降机及其线路正常。故障点可能在开关E711信号线路、J386局部电路或LIN总线之中。

  如果CAN总线的CANH或CANL信号出现故障，车辆无法开关车门，进入汽车时就会受阻，所以排除CAN总线故障。

  参照图2-30，测量开关信号输入端J386、T32/30端的搭铁电压，由于测量结果不一致，即电压值不一致。使用示波器测量LIN总线输出端（J386，T20/10）波形，与标准波形相同。

  测量LIN总线输入端（J388，T20b/10）波形，与标准波形不同，说明LIN总线断路。

  排除故障后，操作开关E711，左后车门车窗玻璃能正常升降了。

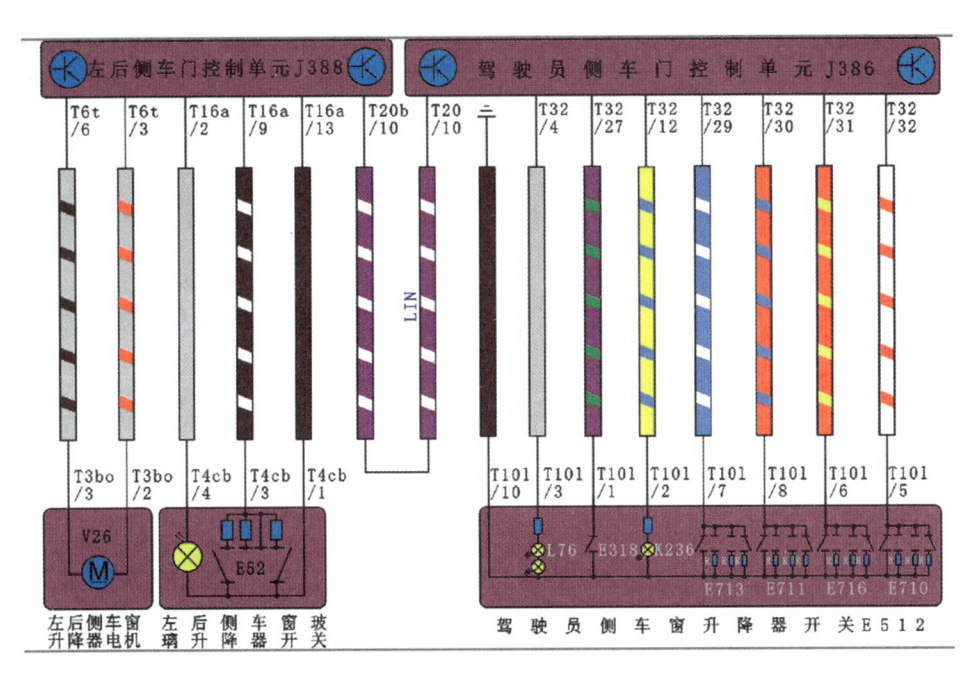

图 2-30　左后车门玻璃控制电路

大家知道LIN总线有哪些特征吗？

【实操训练】

1. 安全操作及注意事项：
2. 选用的工具设备：
3. 故障信息：
4. 检测步骤、故障原因及维修建议：

第一步，准确描述故障现象。

故障现象：_____

_____

第二步，原理图。

_____

第三步，故障可能原因。

_____

_____

第四步，故障诊断过程。

_____

_____

（1）基于以上诊断结论，实施下一层诊断，确定故障原因。

测试对象			
测试条件		使用设备	
电路电压测试结果：			
测试参数			
标准值			
检测值			
是否正常			

分析过程，必要时进行简单修复或做进一步诊断/验证。

_____
_____
_____
_____

（2）基于以上诊断结论，实施下一层诊断，确定故障原因。

测试对象			
测试条件		使用设备	
电路电压测试结果：			
测试参数			
标准值			
检测值			
是否正常			

分析过程，必要时进行简单修复或做进一步诊断/验证。

_____
_____
_____

引起故障的可能原因：

_____
_____
_____

第五步，分析故障机理，提出维修建议。

故障机理：_____

维修建议：_____

5．检测电动车窗电动机

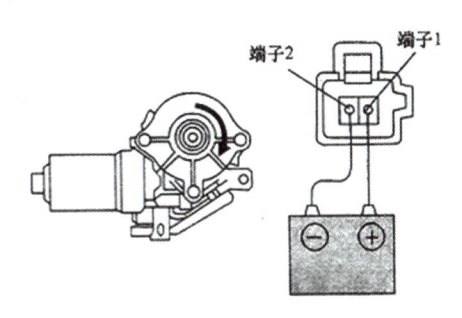

测试对象				
测试条件			使用设备	
电路电压测试结果：				
测试参数				
标准值				
检测值				
是否正常				

6．检测结果分析

7．确定维修方法

— 55 —

【学习评价表】

评价内容	配分	序号	具体指标	分值	得分 自评	得分 组评	得分 师评
作业准备	15	1	正确地穿戴工作服、安全鞋、手套等安全防护用品	5			
		2	了解汽车的配置规格	5			
		3	准备好所需的工具仪器并确保工具仪器能正常使用	5			
工作安全	25	4	不违章作业	5			
		5	遵守作业程序	5			
		6	无人员受伤或设备损坏	5			
		7	遵守工作制度	5			
		8	发现问题及时报告	5			
工作过程	35	9	完成车门拆解工作流程	10			
		10	完成电动车窗检测工作流程	15			
		11	完成车门安装工作流程	10			
职业素养	25	12	遵守规章制度	5			
		13	作业规范	5			
		14	流程正确	5			
		15	无违章操作	5			
		16	工作效率高	5			
综合得分				100			

项目三　电动后视镜的检修

项目概述

汽车外部后视镜（汽车外部的左右后视镜，简称后视镜）的折叠功能是指，汽车两侧的后视镜在必要时可以折叠收缩起来，折叠方式分为手动和电动两种。车辆在行车过程中难免发生一些意外事故，后视镜作为安装在车辆上最宽处的零部件，在出现相擦的情况下，更易受到冲击，为了最大程度地避免擦伤，就需要后视镜有折叠功能。具有折叠功能的后视镜，在通过狭窄路段时可以收缩起来，提高了车子的通过性，在驾驶员离开车子的时候，也可以把后视镜折叠起来，不仅可以保护镜面，还可以缩小停车泊位时占用的空间，有效地避免刮蹭。

本项目包含了 4 个基本学习任务，分别是电动后视镜的认知、电动后视镜无法折叠的故障诊断、电动后视镜的拆装、电动后视镜故障诊断。

【学习目标】

知识目标

1. 了解电动后视镜的类型、结构及功能；
2. 掌握电动后视镜的工作过程；
3. 了解电动后视镜的拆装。

能力目标

1. 能识读与分析电动后视镜电路；
2. 学会电动后视镜的拆装过程；
3. 学会电动后视镜各部件检测及常见故障诊断与排除方法。

素质目标

1. 树立安全第一的思想，注意个人安全、他人安全、设备安全；
2. 保持作业环境卫生，设备、设施干净整洁；
3. 具有安全规范操作意识，遇事不慌，临危不惧，遵守各项实习安全规定。

【知识链接】

3.1 电动后视镜的认知

一、电动后视镜的功能

1. 电动后视镜有记忆存储功能

电动后视镜工作原理

部分车型将电动后视镜的位置信息存储并与钥匙关联,车门开锁时,电动后视镜会按照钥匙信息自动调整后视镜位置。

2. 电动后视镜有加热除霜功能

如果采用了电加热除霜镜片,驾驶员可以开启加热除霜功能,清洁镜面的积雾、积霜、积雪、积水等,这样可提高行驶安全性。

3. 电动后视镜有自动折叠功能

自动折叠功能可以防擦伤、缩小占用停车泊位的空间,使后视镜的损坏程度降低到最低。有的后视镜设计成电动折叠的方式,驾驶员在车内就可以进行调节。

除此之外,有的后视镜具备测速和测距功能。

二、电动后视镜的类型

(1)电动后视镜按照安装位置分类,可分为内后视镜、外后视镜和下后视镜三种。内后视镜安装在汽车驾驶室内部,供驾驶员观察车内后部乘员和物品的情况,现在外后视镜是汽车的标准装置。下后视镜使用得较少,通常装在汽车前部下方帮助驾驶员观察车头前部靠近路面区域的情况。

(2)电动后视镜按照后视镜的镜面形状分类,分可分为平面镜、球面镜和曲率镜三种,还有一种菱形镜,其表面平坦,截面为菱形,常用作防炫目的内后视镜。

(3)电动后视镜按后视镜的调节方式分类,可以分为车外调节和车内调节两种,它们在结构上有较大的差别。车外调节是在车辆停止的状态下,通过人工直接调节镜框或者镜面位置的方式来完成的调节。一般的大型汽车、载货汽车和低档客车会采用车外调节方式。车内调节是指驾驶员在车中调节后视镜,中高档汽车大都采用车内调节方式。该方式又分为手动调节和电动调节,其中手动调节是通过钢丝索传动或手柄的方式去调节的。目前中高档汽车普遍采用的是电动方式调节后视镜。

后续的介绍以车外左右后视镜为主,在无特殊说明时,后视镜是指车外左右后视镜。

三、电动后视镜的结构

电动后视镜主要由永磁式电动机、传动机构、控制开关组成。

每个电动后视镜包含两套驱动装置：一套电动机和传动装置用于后视镜水平方向转动；另一套电动机和传动装置用于后视镜垂直方向转动。

四、电动后视镜的工作过程

以迈腾B8为例：

后视镜的主要部件有后视镜调节开关（E43）、后视镜转换开关（E48）、后视镜加热开关、后视镜内折开关、驾驶员侧车门控制单元J386（在门板内部）、驾驶员侧后视镜电动机（在后视镜总成内部）调节装置。

后视镜调节开关E43有四个功能按钮，分别是向上、向左、向下、向右。E43内部电路采用电阻分压结构，当开关处于不同的挡位时，信号电路上就会产生一个对应的电压值。同样，E48内部电路也采用电阻分压结构，当开关处于不同的挡位时，信号电路上就会产生一个对应的电压。

J386输出一个参考电压给E43的1号端子，同时J386通过25号端子输出一个参考电压给E48，同时通过2号端子为开关提供搭铁回路。

分别操作E48和E43开关时，这两条线路上的电压会产生相应的变化，J386可检测线路的电压，根据电压值确定开关的调整要求，从而控制左右后视镜电动机做相应的运转（向上、向左、向下、向右）。

通过车门控制单元控制后视镜电动机的两个供电线路的电流流向，实现电动机的正反转。驾驶员侧车门控制单元J386分别连接的是驾驶员侧后视镜调节电机V17和V149的电刷。操作开关（向上、向左、向下、向右）时使两条线路的输出电压产生变化，驱动电机运转。

3.2　电动后视镜无法折叠的故障诊断

【知识链接】

汽车电动后视镜无法折叠故障诊断

一、发现故障

当驾驶员停车后，调节后视镜折叠开关时，发现左右两侧后视镜都不能操控折叠或展开。那么我们应该如何排除这个故障呢？

二、故障现象确认

将汽车点火开关变至ON挡，操作后视镜内折开关E263，发现左右两侧外后视镜都不能折叠或展开。那么这到底哪里出了问题呢？

三、故障原理分析

下面我们先来看一下迈腾B8后视镜的电路原理图（如图3-1所示），然后分析一下故障出在哪里。

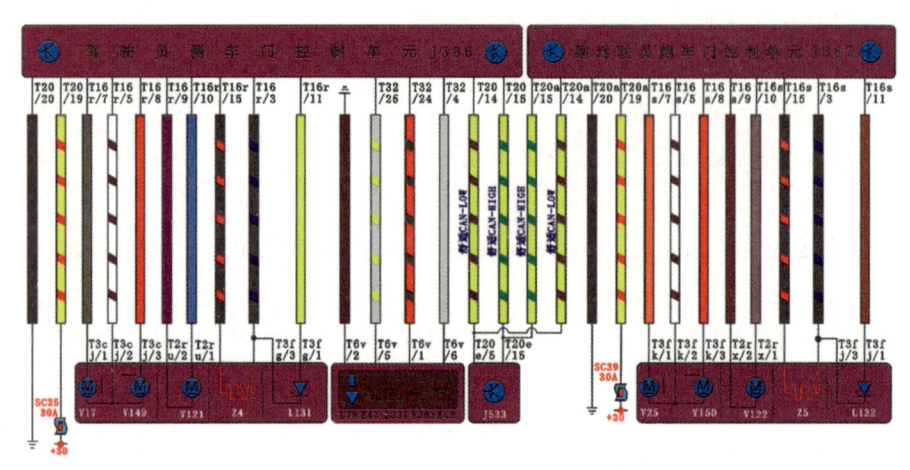

图 3-1　迈腾 B8 后视镜的电路原理图

分析过程如下，左右两侧外后视镜都无法折叠或展开，初步判断：左右两侧外后视镜上的J386至V121上的T16r/9→T2ru/2、T16r/10→T2ru/1，以及J387至V122上的T16s/9→T2rx/2、T16s/10→T2rx/1这四条线路是正常的。因为这四条线路同时出故障的可能性很小。

四、故障检测过程

1. 点火开关变至ON挡时，操作开关E263至折叠位置或展开位置，测量开关E263的T6v/2端子电压为0V，搭铁端电压为0V，则说明这条线路是正常的。

2. 点火开关变至ON挡时，操作开关E263至折叠位置，测量T6V/1端子的电压为4.5V，展开位置时，测得电压为3.5V，说明开关E263是正常的。再测量J386的T32/24端子至E263的T6v/1端子两端的电压，测得T32/24端子的电压为+B，T6v/1端子的电压为0V，说明这条线路有断路故障。车外后视镜调节控制电路图如图3-2所示。

诊断此车造成后视镜无法折叠的故障为：J386的T32/24与E43的T6v/1之间的线路断路。

项目三　电动后视镜的检修

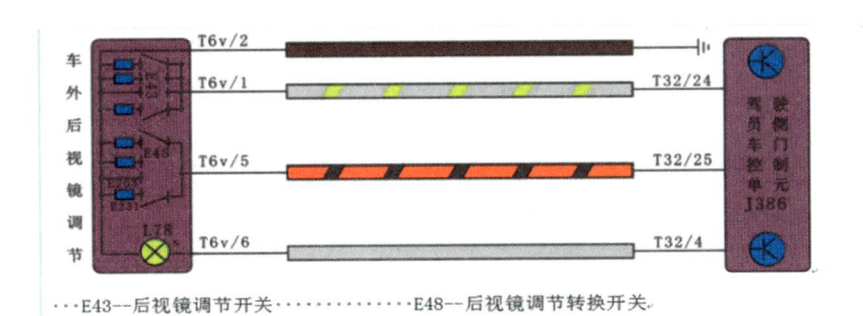

图 3-2　车外后视镜调节控制电路图

【实操训练】

1. 安全操作及注意事项：
2. 选用的工具设备：
3. 故障信息：
4. 检测步骤、故障原因及维修建议：

第一步，准确描述故障现象。

故障现象：_____

_____

第二步，原理图。

第三步，故障可能原因：

_____

_____

第四步，故障诊断过程。

（1）基于以上诊断结论，实施下一层诊断，确定故障原因。

测试对象			
测试条件		使用设备	
电路电压测试结果：			
测试参数			
标准值			
检测值			
是否正常			

— 61 —

分析过程，必要时进行简单修复或做进一步诊断/验证。

_____
_____

（2）基于以上诊断结论，实施下一层诊断，确定故障原因。

测试对象				
测试条件			使用设备	
电路电压测试结果：				
测试参数				
标准值				
检测值				
是否正常				

分析过程，必要时进行简单修复或做进一步诊断/验证。

_____
_____

诊断结论，引起故障的可能原因：

_____
_____

第五步，分析故障机理，提出维修建议。

故障机理：_____

_____
_____

维修建议：_____

_____
_____

【学习评价表】

评价内容	配分	序号	具体指标	分值	得分 自评	得分 组评	得分 师评
作业准备	15	1	正确地穿戴工作服、安全鞋、手套等安全防护用品	5			
		2	了解发动机的型号、规格	5			
		3	准备好所需的工具仪器并确保工具仪器能正常使用	5			
工作安全	25	4	不违章作业	5			
		5	遵守作业程序	5			
		6	无人员受伤或设备损坏	5			
		7	遵守工作制度	5			
		8	发现问题及时报告	5			
工作过程	35	9	完成电动后视镜拆解工作流程	10			
		10	完成电动后视镜诊断工作流程	15			
		11	完成电动后视镜安装工作流程	10			
职业素养	25	12	遵守规章制度	5			
		13	作业规范	5			
		14	流程正确	5			
		15	无违章操作	5			
		16	工作效率高	5			
综合得分				100			

3.3 电动后视镜的拆装

【知识链接】

电动后视镜的拆装

一、发现故障

下面先看一个案例：一位大众迈腾B8汽车用户将车开到维修站，反映后视镜总成损坏。同学们可以试着思考一下，这可能是什么原因导致的？和汽车的哪些结构部件有关系呢？结合本项目的主题，咱们不难判断该故障会和汽车后视镜有一定的关联，下面让我们简单了解下后视镜的组成，以及更换后视镜的步骤。

二、后视镜的组成

电动后视镜主要由枢轴、微型直流电动机、永磁铁、控制系统等组成。这些设备共同组成了汽车后视镜，为汽车的行驶提供了安全。

三、更换后视镜的步骤

认真查阅维修手册，确定螺栓规格及扭矩，以及线束插接器的位置。按照维修手册介绍的步骤，依次进行拆卸及组装，下为具体操作步骤：

（1）拆卸后视镜外壳，注意拆卸时不要太过用力，以免造成壳体损坏；
（2）断开迎宾灯连接插头，将线束放到不易损坏的位置；
（3）拆下后视镜镜片，将镜片放到安全位置，防止因操作不当而造成破损；
（4）拆下后视镜框架后即可拆卸后视镜总成；
（5）接下来拿来新的后视镜总成，安装即可。

【实操训练】

一、实施准备

工具设备：

实训车辆：

辅助资料：

二、收集信息

三、任务实施

四、小结

【学习评价表】

评价内容	配分	序号	具体指标	分值	得分 自评	得分 组评	得分 师评
作业准备	15	1	正确地穿戴工作服、安全鞋、手套等安全防护用品	5			
		2	了解发动机的型号、规格	5			
		3	准备好所需的工具仪器并确保工具仪器能正常使用	5			
工作安全	25	4	不违章作业	5			
		5	遵守作业程序	5			
		6	无人员受伤或设备损坏	5			
		7	遵守工作制度	5			
		8	发现问题及时报告	5			
工作过程	35	9	完成电动后视镜拆解工作流程	15			
		10	完成电动后视镜安装工作流程	15			
		11	掌握操作过程中的注意事项	5			
职业素养	25	12	遵守规章制度	5			
		13	作业规范	5			
		14	流程正确	5			
		15	无违章操作	5			
		16	工作效率高	5			
综合得分				100			

3.4 电动后视镜故障诊断

【知识链接】

电动后视镜故障诊断

一、发现故障

下面先看一个案例：一位大众迈腾B8汽车用户将车开到维修站，反映后视镜无法进行调整。

同学们可以试着思考一下，这可能是什么原因导致的？和汽车的哪些结构与部件有关？结合本项目的主题，咱们不难判断该故障会和汽车后视镜有一定的关联，现在就让我们具体来了解汽车后视镜故障排除的相关知识。

二、故障原理分析

根据图3-3分析，J386通过T32/4输出一个参考电压给后视镜控制开关E43的T6v/1端子，同时J386通过T32/25输出一个参考电压给驾驶员后视镜控制开关E48，同时通过T6v/2端子为开关提供搭铁回路。分别操作E48和E43开关时，T6v/1至T32/4和T6v/5至T32/25这两条线路上的电压会产生相应的变化，J386检测线路的电压，根据此电压确定开关处于哪种状态，从而控制左右后视镜电动机做相应的运转（向上、向左、向下、向右）。

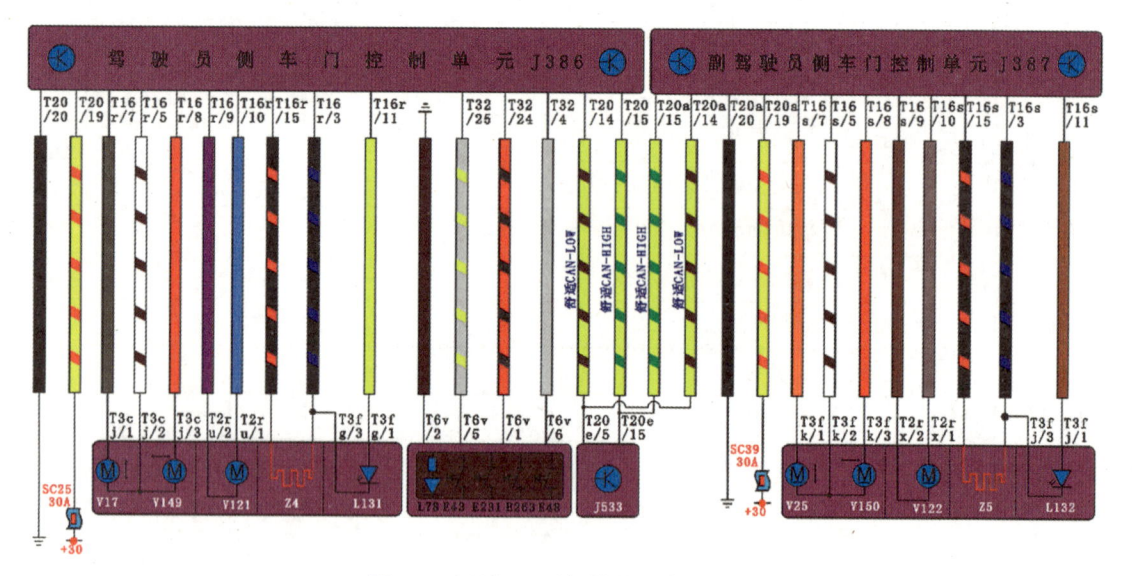

图3-3 迈腾B8后视镜的电路原理图

根据工作原理并结合故障现象可知可能的故障原因如下：
（1）开关E48故障；
（2）J386至开关E48的信号线路或搭铁线路故障；
（3）J386或J387内部故障；
（4）J386或J387分别至后视镜调节电机V17、V149和V25、V150的供电线路故障；
（5）四个电机自身有故障。

三、故障排除过程

通过现象综合分析可能的故障原因是：
（1）开关E48故障；
（2）J386至开关E48的信号线路或搭铁线路故障。

接下来进行故障检测。因为车辆连接了检测平台，所以需要的工具较少，只需万用表即可：用来检测线路的电压及电阻。检测过程如下：

（1）测量J386 T32/25对地电压。

应为：5V

实测：5V

（2）测量E48 T6v/5对地电压。

应为：5V

实测：0V

经过测量发现J386 T32/25至E48 T6v/5的线路存在故障。

（3）测量J386 T32/25至E48 T6v/5的线路电阻（测量时要断开蓄电池负极）。

测得线路电阻为无穷大，那么此车的故障为J386 T32/25至E48 T6v/5的线路断路，导致后视镜无法进行调节。

【实操训练】

1. 安全操作及注意事项：
2. 选用的工具设备：
3. 故障信息：
4. 检测步骤、故障原因及维修建议：

第一步，准确描述故障现象。

故障现象：_____

_____

_____

_____

_____

第二步，原理图。

第三步，故障可能原因：

_____

_____

_____

_____

第四步，故障诊断过程。

（1）基于以上诊断结论，实施下一层诊断，确定故障原因。

测试对象				
测试条件			使用设备	
电路电压测试结果：				
测试参数				
标准值				
检测值				
是否正常				

分析过程，必要时进行简单修复或做进一步诊断/验证。

_____

_____

_____

_____

（2）基于以上诊断结论，实施下一层诊断，确定故障原因。

测试对象				
测试条件			使用设备	
电路电压测试结果：				
测试参数				
标准值				
检测值				
是否正常				

分析过程，必要时进行简单修复或做进一步诊断/验证。

_____

_____

诊断结论，引起故障的可能原因：

第五步，分析故障机理，提出维修建议。

故障机理：

维修建议：

项目四 电动座椅的检修

项目概述

汽车座椅的舒适性对于驾驶员和乘员来说很重要,随着汽车电子技术水平的发展,现代汽车的座椅多采用电动可调的座椅系统,又称电动座椅。人们对汽车的舒适性多是通过座椅感受的,所以汽车上配备的电动座椅必须满足便利性和舒适性这两大要求,即驾驶员通过操纵装置,不仅能获得更好的视野,便于操纵方向盘、踏板、变速杆等,还可以将座椅调整到最佳的位置上,获得最舒适和最习惯的乘坐姿势。

本项目包含了5个基本学习任务,分别是电动座椅的功能及类型、电动座椅的结构及工作原理、汽车座椅加热系统、电动座椅高度调节故障检修、电动座椅纵向调节故障检修。

通过本项目的学习,你要在知识、技能、行为习惯等方面达到以下相关要求:

序号	学习内容	评价标准			
		了解知道	理解掌握	指导下操作	独立操作
1	安全规范的操作				√
2	实训室、学习环境整洁有序				√
3	了解电动座椅的功能及类型	√			
4	熟悉电动座椅的结构,理解其工作原理	√	√		
5	了解座椅加热系统的作用及组成,理解座椅加热系统的工作原理	√	√		
6	能够对电动座椅进行故障修复				√

4.1 电动座椅的功能及类型

【学习目标】

电动座椅的功能及类型

❋ 知识目标

1. 了解电动座椅的功能；
2. 熟悉电动座椅的类型。

❋ 能力目标

1. 能够叙述电动座椅的作用；
2. 能够根据电动座椅的各种分类方式，区分具体座椅所属的类型。

❋ 素质目标

1. 树立安全第一的思想，注意个人安全、他人安全、设备安全；
2. 保持作业环境卫生，设备、设施干净整洁；
3. 具有安全规范操作意识，遇事不慌，临危不惧，遵守各项实习安全规定。

案例：一位用户来到维修站，反映他的大众迈腾B8汽车在打开电动座椅加热开关后，座椅系统不加热。经维修技师检查发现是汽车电动座椅加热系统出现了故障，应对汽车电动座椅系统进行检修。

【知识链接】

一、汽车电动座椅的功能

在一些高端汽车中都配有汽车电动座椅系统，它的作用是，为驾驶员提供便于操作、舒适而安全的驾驶体验；为乘员提供不易疲劳、舒适而安全的乘坐体验，它主要有以下几个功能：

1. 电动座椅能够调节座椅前端升降、垂直升降、水平滑动以及椅背角度，为驾驶员和乘员提供更好的舒适度；
2. 电动座椅能够存储驾驶员调整后的座椅位置数据；可记忆电动座椅既具有普通电动座椅的机械调节功能，可适应不同体型的驾驶员或满足驾驶员不同需要时的座椅位置要求，又增加了座椅位置的记忆及调出功能；

3. 电动座椅能够调用驾驶员存储的座椅位置数据，给不同的驾驶员起不同的代号，比如"1"代表张三，"2"代表李四等；如果更换驾驶员，只需按下自己的代号按钮，调出自己存储在座椅控制模块中的位置数据，座椅就会自动调整到相应的位置，方便且准确；

4. 温度调节，半导体温度调节座椅可以对座椅进行冷热调节，使驾驶员感觉更加舒适；

5. 振动提醒，有的车型的控制系统能够振动电动座椅的一侧或者两侧，以提醒驾驶员注意某些事项。

二、汽车电动座椅的类型

汽车电动座椅的类型根据分类方式的不同可分为以下几种：

1. 根据使用电动机的数量分类

根据使用电动机的数量，电动座椅可分为单电动机式、双电动机式、三电动机式和四电动机式等。

（1）单电动机式。

单电动机式只能对电动座椅的前后两个方向进行调整。

（2）双电动机式。

双电动机式可以对电动座椅进行前后与高低位置的调整，即不仅可以移动前后两个方向的位置，也可以对高低进行调整。

（3）三电动机式。

三电动机式可以对电动座椅进行前后与高低位置的调整，还可分别对座椅前部和后部的高低进行调整。

（4）四电动机式。

四电动机式除了具有以上三电动机式的调整功能，还可对靠背的倾斜度进行调整。电动座椅装用的电动机最多可达8个，除了保证上述的基本运动，还可对头枕高度、座椅长度和扶手的位置进行调整。

2. 根据有无加热器分类

根据有无加热器，电动座椅可分为无加热器式与有加热器式两种。有加热器式电动座椅可以在冬季寒冷的时候对座椅的座垫进行加热，以使驾驶员或乘员乘坐更温暖。

3. 根据有无存储功能分类

根据有无存储功能，电动座椅可分为无存储功能与有存储功能两种。有存储功能的电动座椅，可以将每次驾驶员或乘员调整电动座椅后的数据存储下来，作为以后重新调整座椅位置时的基准。具有8种功能的电动座椅如图4-1所示，具有全方位可调节功能的电动座椅如图4-2所示。因为座椅还起到装饰车厢的作用，所以座椅面料的颜色要与车厢的总色调配合一致，且面料手感柔和、质地优良，使人们一坐上去就有一种舒适的感觉。

项目四 电动座椅的检修

1—座椅前后调节 2—靠背倾斜度调节 3—座椅高度调节 4—靠枕上下、前后调节
5—座椅前部支撑调节 6—侧背支撑调节 7—腰椎支撑气垫调节

图 4-1 具有 8 种功能的电动座椅

1—座椅前后调节 2—靠背倾斜度调节 3—靠背上部调节 4—靠枕前后调节 5—靠枕上下调节
6—侧背支撑调节 7—腰椎支撑气垫调节 8—座椅前部支撑调节 9—座椅高度调节

图 4-2 具有全方位可调节功能的电动座椅

4.2 电动座椅的结构及工作原理

【学习目标】

电动座椅的结构及工作原理

❀ **知识目标**

1. 了解电动座椅的结构；
2. 理解电动座椅的工作原理。

— 73 —

✽ 能力目标

能够知晓电动座椅各个组成部件的名称。

✽ 素质目标

1. 树立安全第一的思想,注意个人安全、他人安全、设备安全;
2. 保持作业环境卫生,设备、设施干净整洁;
3. 具有安全规范操作意识,遇事不慌,临危不惧,遵守各项实习安全规定。

案例:一位用户来到维修站,反映他的雷克萨斯LS400汽车在打开电动座椅开关后,座椅系统没动作。经维修技师检查发现,汽车电动座椅系统出现了故障,那么车内为什么要安装电动座椅系统?它是由哪些部件组成的,是如何工作的?

【知识链接】

一、电动座椅的组成

电动座椅控制装置主要由座椅开关和位置传感器、电子控制单元(ECU)、执行机构的驱动电动机三大部分组成。座椅开关和位置传感器包括座椅各位置(头枕、靠背、腰部、滑动、前垂直、后垂直)的电动开关、座椅各位置传感器、安全带扣环传感器及方向盘倾斜传感器等。执行机构的驱动电动机主要包括座椅调整、安全带扣环及方向盘倾斜调整的驱动电动机等,并且这些驱动电动机均可灵活地进行正反向转动,以执行各种装置的调整功能。

1. 电动机

电动座椅大多采用永磁式电动机来驱动,并通过装在座位侧板上或门扶手上的控制开关来控制电路通路和电流方向,使某一电动机按所需的方向运转,以达到调整座椅姿态的目的。

为了防止电动机过载,大多数永磁式电动机内装有过热、过载保护断路器。有些电动座椅采用串激电动机来驱动,并装有两个磁场线圈,使其可以双向运转。这种电动机多使用继电器来控制电流方向,当开关控制进行换向时,可听到继电器动作的"咔嗒"声。

2. 手动调节开关

手动调节开关主要用来调整座椅的各种位置。当按下此开关后,电控单元就会控制相应的电动机运转,按照驾驶员的要求调整座椅的位置。

3. 存储和复位开关

存储和复位开关主要用来存储或恢复驾驶员已经调整好的座椅位置。只要按下此开关,就能按存储的各个座椅位置的数据来调整座椅的位置。

4. 座椅位置传感器

座椅位置传感器主要用来检测座椅的各种位置，其结构如图4-3所示。它主要由齿轮、滑块和螺旋杆（可变电阻器）组成，其工作原理和一般电位计相似。螺旋杆由电动机通过齿轮驱动旋转，并带动滑块在电阻器上滑动，从而使输出的电压信号发生变化。电控单元根据此电压信号调整座椅的位置。只要座椅位置调定后，驾驶员按下存储和复位开关，电控单元就把这些电压信号存储起来，作为重新调整位置时的基准。

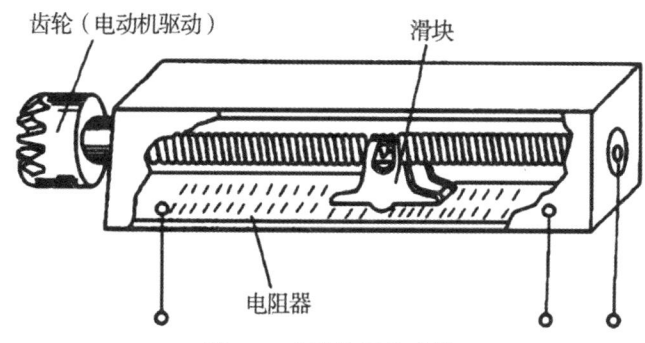

图 4-3 座椅位置传感器

5. ECU 及其控制

ECU主要用来控制靠手动调节开关的座椅调节装置，也能根据转向柱倾斜与伸缩ECU、位置传感器等送来的信号存储座椅位置数据，考虑到驾驶员的不同体型和喜好的驾驶姿势，自动调节系统能在该ECU中存储两三种不同的座椅位置（供选择），依靠"单独"开关的点动，ECU即可将座椅调整到驾驶员所期望的位置。在调整座椅时，由手动调节开关通过电控单元控制调整量，然后利用存储和复位开关控制某一位置的数据存储。座椅位置信号取自变阻器上的电压降，根据每个自由度上的电动机驱动座椅，从而使变阻器随动，根据变阻器的电压降，控制单元识别座椅的运动机构是否到达"死点"（极限位置）。如果到达"死点"位置时，电控单元及时切断供电源，就能保护电动机和座椅驱动机构。

为了满足驾驶员的需求，汽车企业在座椅造型方面，充分考虑人体身高、重量、乘坐姿势和重量分布等因素，应用人体工程学等先进技术，制造出乘坐舒适、久坐不乏的座椅。可调式电动座椅按人体轮廓要求设计，能为人体的头部、背部、腰部和臀部提供较舒适的位置，有些还具有加热及按摩功能，在寒冷的天气中可使乘坐更加舒适。因此，在座椅中还附加了一些特种功能的装置，如在气垫座椅上使用电动气泵，对各个专用气囊（腰椎支撑气囊、侧背支撑气囊、座位前部的大腿支撑气囊）进行充气，起到支撑腰椎、侧背、大腿的作用。

二、电动座椅的工作原理

图4-4是雷克萨斯LS400汽车电动座椅控制电路（不带存储功能），该电动座椅包括滑动

电动机、前垂直电动机、倾斜电动机、后垂直电动机和腰垫电动机,可以实现座椅的前后移动、前部高度调节、靠背倾斜程度调节、后部高度调节及腰垫前后调节。

电路中有5个开关,分别控制5个电动机。开关有一个共同特点:均为搭铁型结构,即电动机没有动作时,电动机两端通过开关搭铁。当开关打向其一侧时,动作侧开关接通电源。每个电动机中均设有断路器,当座椅位置调整到极限时,流过电动机的电流增加,断路器断开,切断电动机电流,保护电动机不被烧毁。松开调整开关,冷却后,断路器又重新复位。

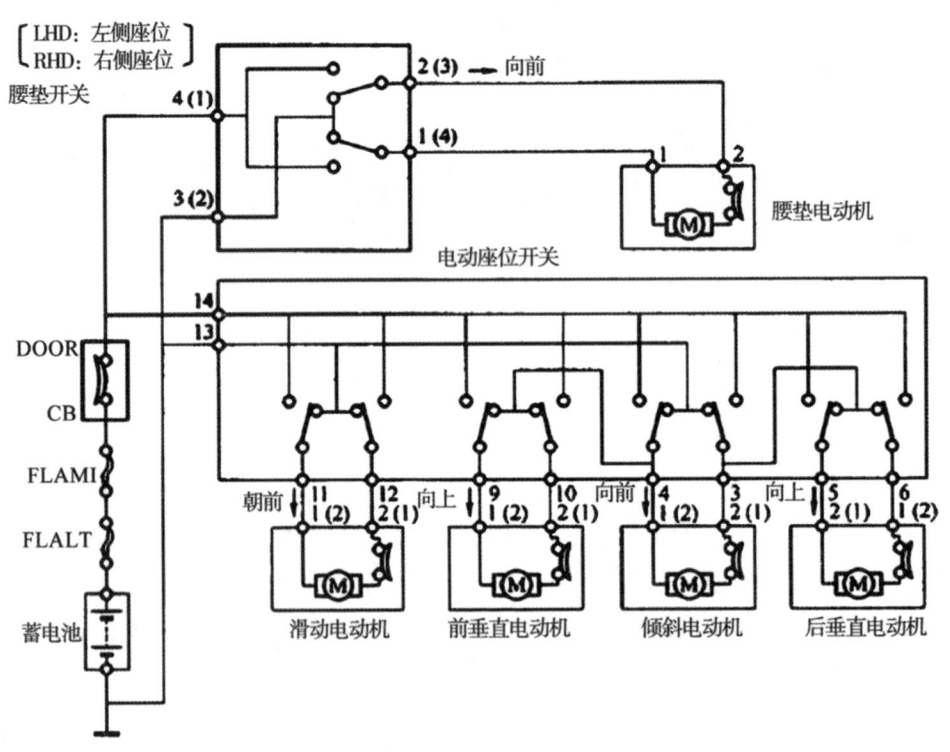

图4-4 雷克萨斯LS400汽车电动座椅控制电路(不带存储功能)

下面以座椅靠背的倾斜调节为例,介绍电路的控制过程。当电动座椅的开关处于倾斜位置时,如果要调整靠背向前倾斜,则闭合倾斜电动机的前进方向开关,即端子4置于左位时,电路为:蓄电池正极→保险(FLALT、FLAMI)→车门总开关(DOOR、CB)→端子14→(倾斜开关"前")→端子4→1(2)端子→倾斜电动机→2(1)端子→端子3→端子13→搭铁。此时,座椅靠背前移。

4.3 汽车座椅加热系统

【学习目标】

座椅加热系统

✵ **知识目标**

1. 了解汽车座椅加热系统的功能、分类；
2. 理解汽车座椅加热系统的工作原理。

✵ **能力目标**

1. 能够叙述汽车座椅加热系统的作用；
2. 能够识别汽车座椅加热系统的类型；
3. 能够叙述汽车座椅加热系统的工作原理。

✵ **素质目标**

1. 树立安全第一的思想，注意个人安全、他人安全、设备安全；
2. 保持作业环境卫生，设备、设施干净整洁；
3. 具有安全规范操作意识，遇事不慌，临危不惧，遵守各项实习安全规定。

案例：一位用户来到维修站，反映其迈腾汽车在打开电动座椅加热开关后，座椅系统没动作。经维修技师检查发现，汽车电动座椅加热系统出现了故障，应对汽车电动座椅系统进行检修。

【知识链接】

一、汽车座椅加热系统的功能及分类

汽车座椅加热系统可以对驾驶员座椅和乘员座椅进行加热，使低温时驾乘坐更加舒适。有些汽车座椅的加热速度可以调节。根据加热速度是否可调，它分为加热速度不可调式座椅加热系统和加热速度可调式座椅加热系统两种。

二、汽车座椅加热系统的工作原理

图4-5为加热速度不可调式座椅加热系统电路图。该电路既可以对驾驶员座椅和乘员座椅同时进行加热，也可以分别加热。其中，座椅加热线圈和靠背加热线圈是以串联方式连

— 77 —

接的。其工作过程如下：

（1）若只需对驾驶员座椅进行加热，只开启左前座椅加热开关即可。电路为：电源+端→熔断丝15→端子12→端子M21→加热开关→端子4→恒温器开关→座椅加热丝→靠背加热丝→搭铁。此时，只对驾驶员座椅进行加热，同时驾驶员座椅加热指示灯（IND）点亮。单独对副驾驶员座椅加热时的电路与之相同。

（2）若要对两个座椅同时加热，则将两个座椅的加热开关同时开启。此时，两个座椅的座椅加热丝和靠背加热丝串联以后再并联，两个指示灯同时点亮，电路分析不再赘述。

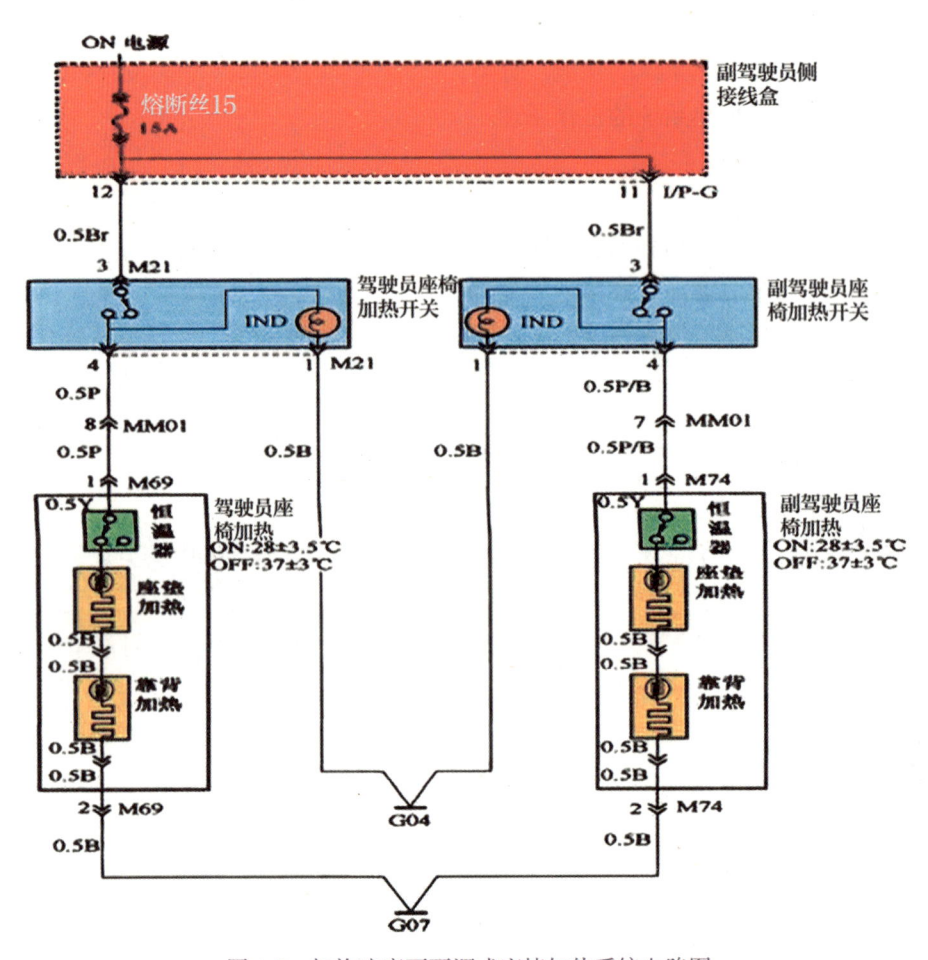

图 4-5　加热速度不可调式座椅加热系统电路图

图4-6为加热速度可调式座椅加热系统电路图，其加热器的加热速度可以调节。驾驶员座椅与副驾驶员座椅的加热器与加热控制开关相同。其中"HI"表示高位加热，"LO"表示低位加热。该座椅加热系统既可以单独对驾驶员座椅或副驾驶员座椅进行加热，也可以同时对两个座椅进行加热。下面以驾驶员座椅加热器为例，分析其工作过程。

（1）当加热器开关断开时，加热系统不工作。

（2）当加热器开关处于"HI"位置时，电流经过点火开关给继电器线圈通电，通电后的线圈产生磁场使继电器开关闭合。此时，加热器的电流流向为电源+端→熔断丝→继电器开关→加热器开关端子5，然后电流分为三个支路：指示灯→继电器端子4→搭铁，指示灯亮；另一路经加热器开关端子6→靠背加热→搭铁；还有一路经，加热器开关端子6→座垫加热→搭铁。此时，靠背线圈与座垫线圈并联加热，加热速度较快。

（3）当加热器开关处于"LO"位置时，电流流向为电源+端→熔断丝→继电器开关端子5，然后分为两个支路：一路经指示灯→加热器端子4→搭铁，低位指示灯亮；另一路经加热器开关端子3→加热器座垫线圈→加热器靠背线圈→搭铁。此时，靠背线圈与座垫线圈串联加热，电路中的电流较小，因此加热的速度较慢。

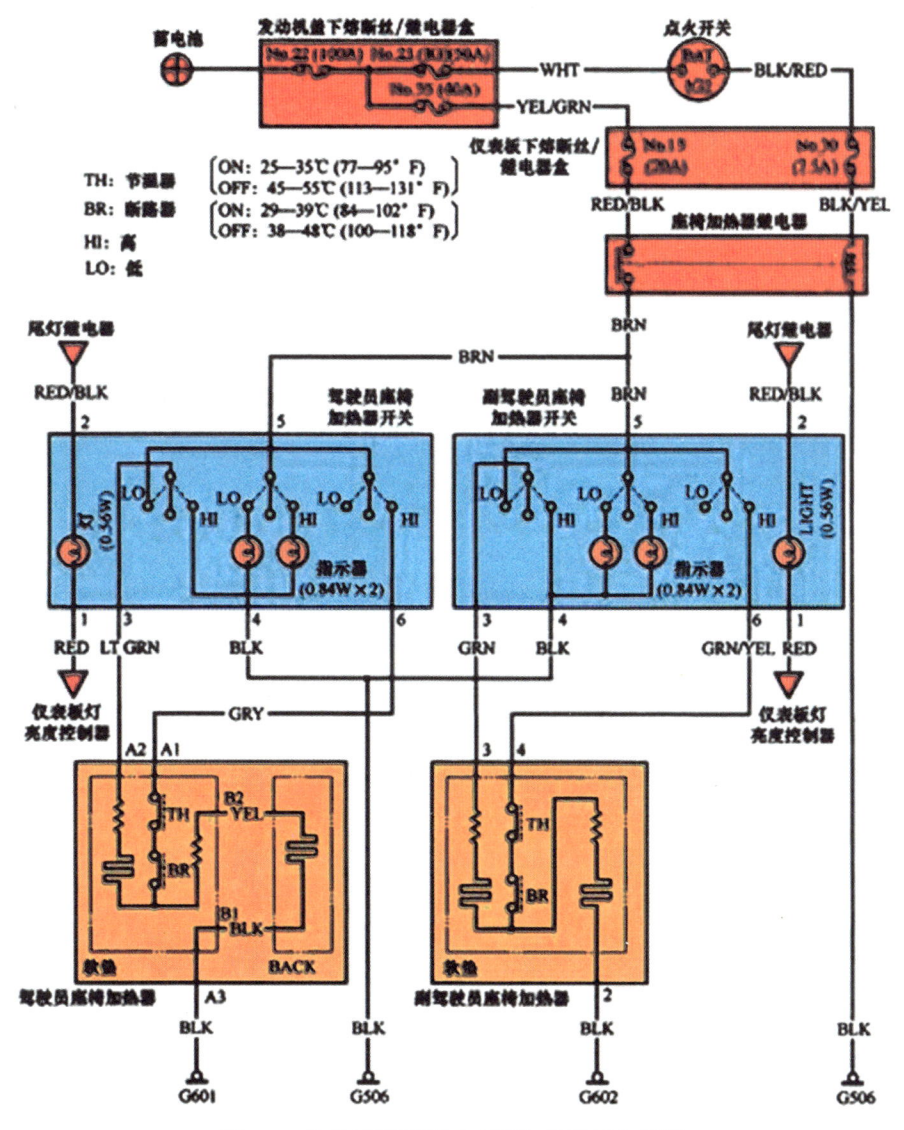

图 4-6 加热速度可调式座椅加热系统电路图

4.4　电动座椅高度调节故障检修

电动座椅高度调节故障检修

❋ 知识目标

了解电动座椅高度调节故障检修的方法及步骤。

❋ 能力目标

能够进行电动座椅高度调节故障的检修。

❋ 素质目标

1. 树立安全第一的思想，注意个人安全、他人安全、设备安全；
2. 保持作业环境卫生，设备、设施干净整洁；
3. 具有安全规范操作意识，遇事不慌，临危不惧，遵守各项实习安全规定。

案例：一位用户来到维修站，反映其大众迈腾B8汽车在打开电动座椅高度调节开关后，座椅系统没反应。经维修技师检查发现是汽车电动座椅的高度调节系统出现了故障，应对汽车电动座椅系统进行检修。

【知识链接】

一、检查故障现象

根据用户反映的问题，按下电动座椅的高度调节开关后，电动座椅没有反应。

二、读取故障码

用车辆故障诊断仪，进行全车故障扫描，在读取故障码前，先清除历史故障码，再读取故障码，故障码显示当前故障为电动座椅高度调节电机开路。

三、排除故障

1）根据故障码，查看车辆维修手册，查找相关电路，如图4-7所示。

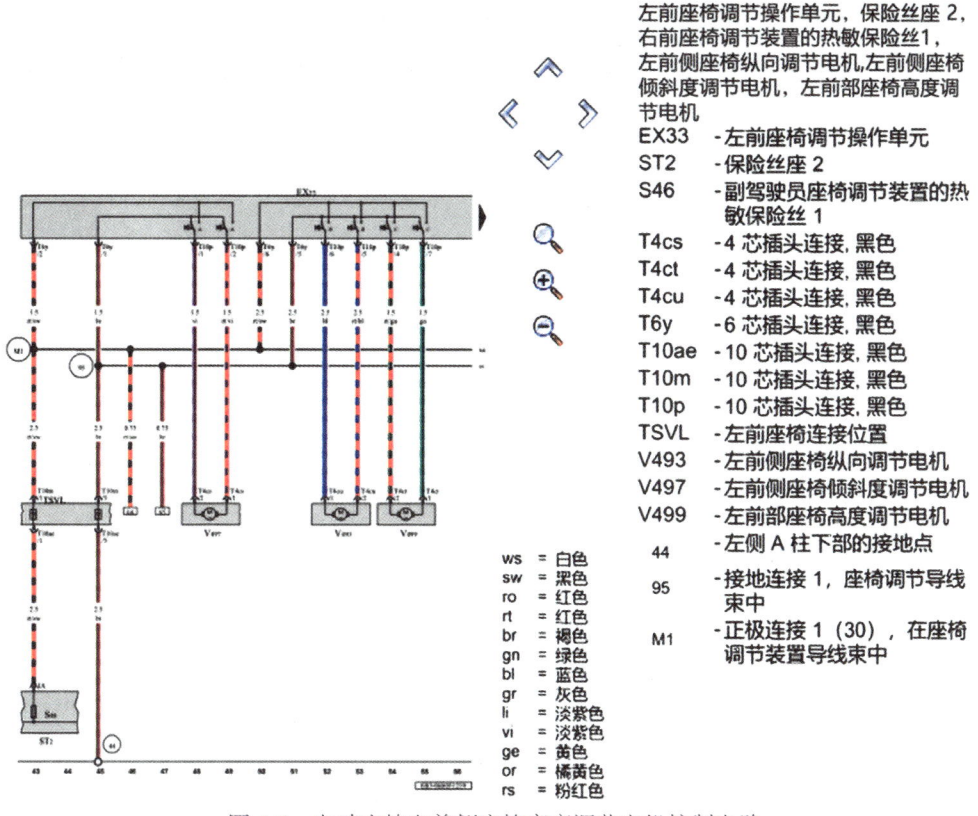

左前座椅调节操作单元，保险丝座2，右前座椅调节装置的热敏保险丝1，左前侧座椅纵向调节电机，左前侧座椅倾斜度调节电机，左前部座椅高度调节电机

EX33　- 左前座椅调节操作单元
ST2　　- 保险丝座2
S46　　- 副驾驶员座椅调节装置的热敏保险丝1
T4cs　- 4芯插头连接，黑色
T4ct　- 4芯插头连接，黑色
T4cu　- 4芯插头连接，黑色
T6y　　- 6芯插头连接，黑色
T10ae - 10芯插头连接，黑色
T10m　- 10芯插头连接，黑色
T10p　- 10芯插头连接，黑色
TSVL　- 左前座椅连接位置
V493　- 左前侧座椅纵向调节电机
V497　- 左前侧座椅倾斜度调节电机
V499　- 左前部座椅高度调节电机
44　　- 左侧A柱下部的接地点
95　　- 接地连接1，座椅调节导线束中
M1　　- 正极连接1（30），在座椅调节装置导线束中

ws = 白色
sw = 黑色
ro = 红色
rt = 红色
br = 褐色
gn = 绿色
bl = 蓝色
gr = 灰色
li = 淡紫色
vi = 淡紫色
ge = 黄色
or = 橘黄色
rs = 粉红色

图4-7　电动座椅左前侧座椅高度调节电机控制电路

2）根据电路图，查找电机位置。

（1）检查电机的端子。

用万用表检测T4ct2端与地线间的电压，同时操作座椅高度调节开关，电压值为车辆主电压；用万用表检测T4cu1端与地线间的电压，同时操作座椅高度调节开关，电压值为车辆主电压，则说明电机的供电正常；但电机不能正常转动，说明电机出现故障。

（2）更换新电机。

3）验证。

更换电机后，再按下电动座椅的高度调节开关，发现电动座椅正常工作，排除故障。

4.5　电动座椅纵向调节故障检修

【学习目标】

电动座椅纵向
调节故障检修

✿ **知识目标**

了解电动座椅纵向（前后）调节故障检修的方法及步骤。

✿ **能力目标**

掌握电动座椅纵向调节故障的检修方法。

✿ **素质目标**

1. 树立安全第一的思想，注意个人安全、他人安全、设备安全；
2. 保持作业环境卫生，设备、设施干净整洁；
3. 具有安全规范操作意识，遇事不慌，临危不惧，遵守各项实习安全规定。

案例：一位用户来到维修站，反映其大众迈腾B8汽车在打开电动座椅纵向调节开关后，座椅系统没反应。经维修技师检查发现，汽车电动座椅纵向调节系统出现了故障，应对汽车电动座椅纵向调节系统进行检修。

【知识链接】

一、检查故障现象

根据用户反映的问题，按下电动座椅的纵向调节开关，发现电动座椅前后没反应。

二、读取故障码

用车辆故障诊断仪，进行全车故障扫描，在读取故障码前，先清除故障码，再读取故障码，故障码显示当前故障为电动座椅纵向调节电机开路。

三、排除故障

1）根据故障码，查看车辆维修手册，查看相关电路，如图4-8所示。

项目四　电动座椅的检修

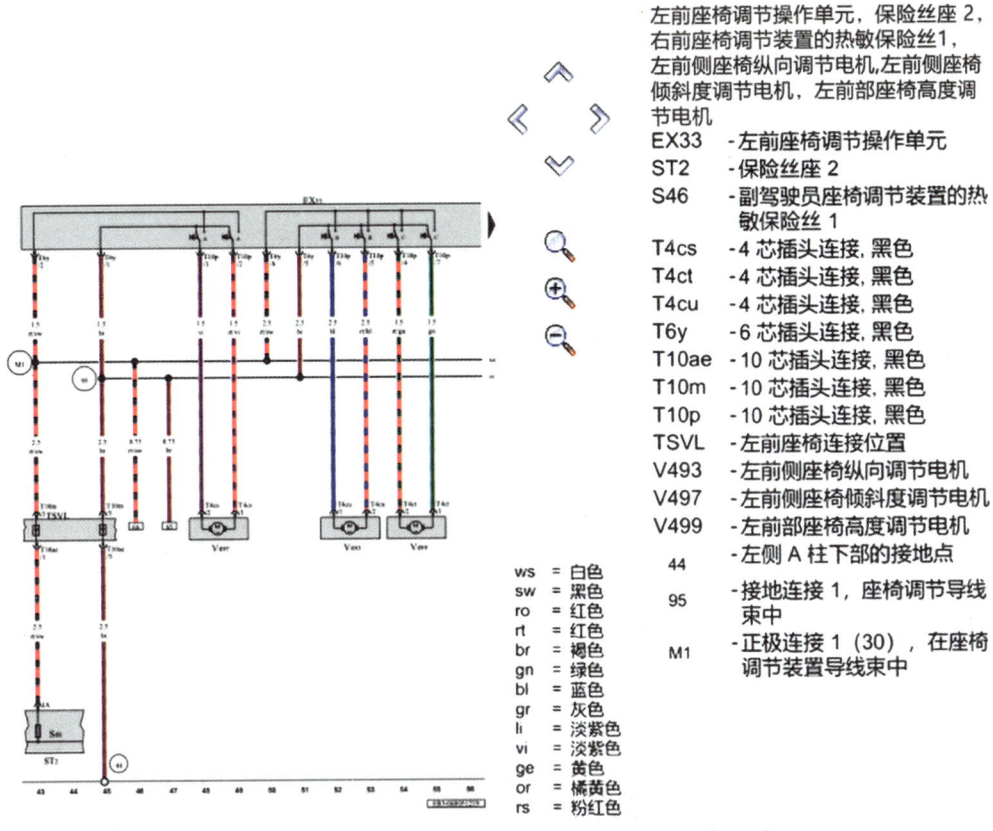

左前座椅调节操作单元，保险丝座 2，
右前座椅调节装置的热敏保险丝 1，
左前侧座椅纵向调节电机，左前侧座椅
倾斜度调节电机，左前部座椅高度调
节电机

EX33 -左前座椅调节操作单元
ST2 -保险丝座 2
S46 -副驾驶员座椅调节装置的热
敏保险丝 1
T4cs -4 芯插头连接，黑色
T4ct -4 芯插头连接，黑色
T4cu -4 芯插头连接，黑色
T6y -6 芯插头连接，黑色
T10ae -10 芯插头连接，黑色
T10m -10 芯插头连接，黑色
T10p -10 芯插头连接，黑色
TSVL -左前座椅连接位置
V493 -左前侧座椅纵向调节电机
V497 -左前侧座椅倾斜度调节电机
V499 -左前部座椅高度调节电机
44 -左侧 A 柱下部的接地点
95 -接地连接 1，座椅调节导线
束中
M1 -正极连接 1（30），在座椅
调节装置导线束中

ws = 白色
sw = 黑色
ro = 红色
rt = 红色
br = 褐色
gn = 绿色
bl = 蓝色
gr = 灰色
li = 淡紫色
vi = 淡紫色
ge = 黄色
or = 橘黄色
rs = 粉红色

图 4-8　电动座椅左前侧座椅纵向调节电机控制电路

2）根据电路图，查找电机位置。

（1）检查电机的端子。

用万用表检测 T4cu1 端与地线间的电压，同时操作座椅纵向调节开关，电压值为车辆主电压；用万用表检测 T4cu2 端与地线间的电压，同时操作座椅纵向调节开关，电压值为车辆主电压，则说明电机的供电正常；但电机不能正常转动，说明电机出现故障。

（2）更换新电机。

3）验证。

更换电机后，再按下电动座椅的前后调节开关，发现电动座椅纵向移动正常，排除故障。

项目五 中控门锁系统的检修

项目概述

汽车中控门锁系统是基于微弱电波的信号传输来完成控制操作的。具体来说,当车主按下门锁按钮时,系统会发出微弱的电波信号,这些信号被汽车天线接收到并传输到电子控制单元(ECU)。ECU会识别信号代码并起动或关闭门锁。整个系统由发射机和接收机组成,通过这种方式实现车门的闭锁和解锁。中控门锁系统具有两个主要功能:一是当驾驶员锁住左前车门时,其他车门也会自动锁住,这样驾驶员就可以同时锁住所有车门;二是当车速达到一定值时,各个车门会自动闭锁,以防止乘员在行车过程中误操作车门把手而导致车门打开。这种中控门锁系统不仅方便了驾驶员的操作,也提高了行车安全性。

本项目包含了6个基本学习任务,分别学习中央门锁控制原理、迈腾B8门锁功能开关F2故障检修、迈腾B8联锁开关故障检修、迈腾B8门锁电机V56故障检修、后备箱门无法开启故障检修、VAS 6150引导型故障诊断功能。

通过本项目的学习,学生应在知识、技能、行为习惯等方面达到以下相关要求:

序号	学习内容	评价标准			
		了解知道	理解掌握	指导下操作	独立操作
1	安全规范的操作				√
2	实训室、学习环境整洁有序				√
3	团队合作学习、积极思考				√
4	工具的正确选择和使用				√
5	知道汽车中控门锁系统组成及功用	√			
6	掌握迈腾B8中央门锁工作过程		√		
7	掌握迈腾B8门锁功能开关F2故障检修方法			√	
8	掌握迈腾B8联锁开关故障检修方法			√	
9	掌握迈腾B8门锁电机V56故障检修方法			√	
10	掌握VAS 6150引导型故障诊断使用方法			√	

5.1　中央门锁控制原理

【学习目标】

中控门锁系统

✖ **知识目标**

1. 了解迈腾汽车中控门锁系统组成及功用；
2. 知道迈腾汽车中央门锁工作过程。

✖ **能力目标**

1. 能找到迈腾汽车中控门锁系统各零部件的安装位置；
2. 会讲述迈腾汽车中央门锁工作过程。

✖ **素质目标**

1. 树立安全第一的思想，注意个人安全、他人安全、设备安全；
2. 保持作业环境卫生，设备、设施干净整洁；
3. 具有安全规范操作意识，遇事不慌，临危不惧，遵守各项实训安全规定。

【知识链接】

一、迈腾进入及起动系统概述

常用的迈腾进入及起动系统分为两种，一种是钥匙起动系统，另一种是无钥匙进入/起动系统。有的车型同时安装了这两种起动系统，有的车型只安装了其中一种。其中最主要的区别在于这两种进入及起动系统开启车门的方法不同，前者需要操作遥控钥匙，后者则完全靠感应。

1. 钥匙起动系统

在开启或锁闭车门时，钥匙起动系统只能使用遥控钥匙或机械钥匙解锁或闭锁。当驾驶员进入车辆后，车内天线确定车内是否存在被授权的车钥匙，然后通过按键E378完成车辆点火和发动机起动的控制。

2. 无钥匙进入/起动系统

图5-1为迈腾无钥匙进入/起动系统结构原理图，在开启或锁闭车门时，车辆的无钥匙进

— 85 —

入/起动系统可以靠人手感应,在不直接操作钥匙的情况下闭锁和解锁车辆,当然也可以使用遥控钥匙或机械钥匙解锁和闭锁车辆;当驾驶员进入车辆后,车内天线确定车内是否存在被授权的车钥匙,通过按键E378完成车辆点火和发动机起动的控制。

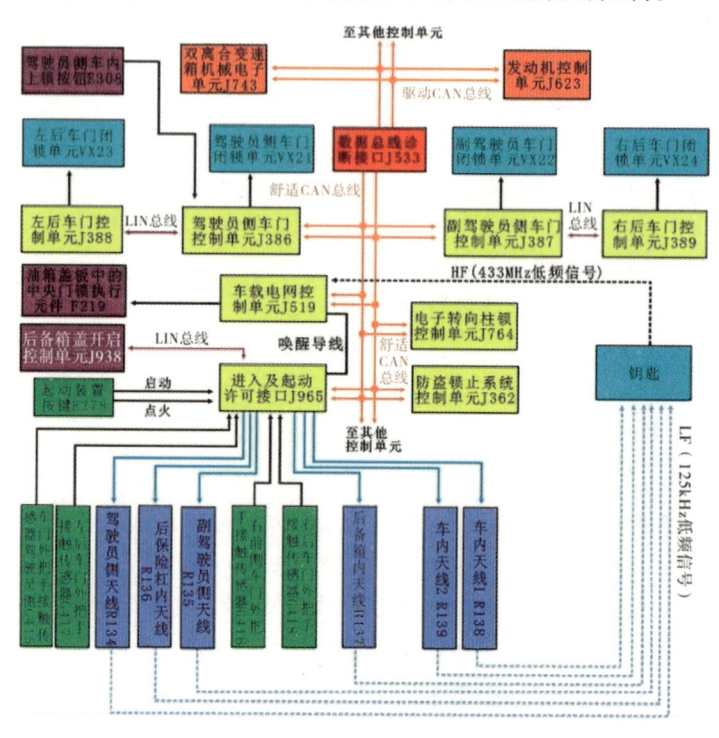

图 5-1 迈腾无钥匙进入/起动系统结构原理图

上述两个系统的主要区别是进入车辆的方法不同,所以要总结进入车辆的方法总共有几种,在其中一个方法失效的情况下,看看其余方法是否可行,进而确定故障范围。

二、迈腾中控门锁系统组成

1. 车门外把手触摸传感器

在配置无钥匙进入/起动系统的车辆上,每个车门均安装有车门外把手触摸传感器,它们分别是:

1)驾驶员侧车门外把手触摸传感器G415。

2)副驾驶员侧车门外把手触摸传感器G416。

3)左后车门外把手触摸传感器G417。

4)右后车门外把手触摸传感器G418。

每个车门的门把手上都装有一个按钮,它是用来关闭中央门锁的。只有当停车且所有乘员离车后,钥匙被同侧的车外天线识别出来时,才能关闭中央门锁。

如果车钥匙处于中央门锁的识别范围内,那么就可以将手放到门把手内侧来打开车门,或按下车门外把手上的中央门锁按钮来锁上车门。如果在锁车门的过程中，车内还有其他钥匙，那么就无法正常锁车了。

2. 天线

迈腾汽车天线位置图如图5-2所示。

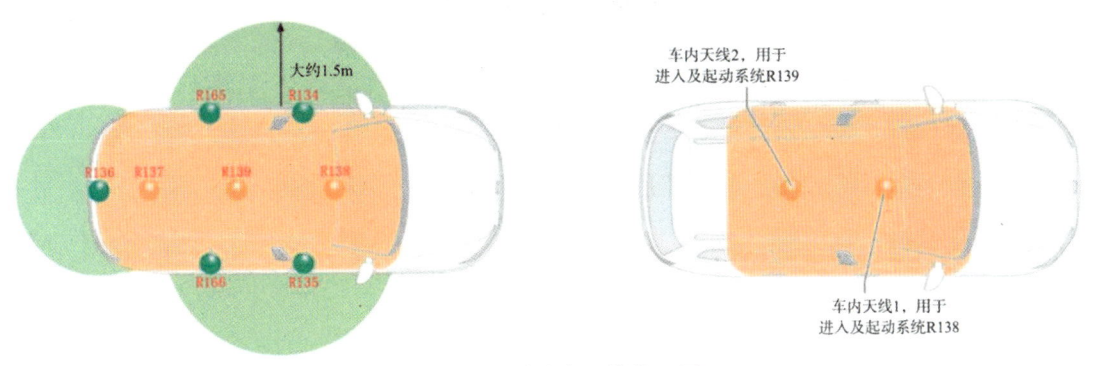

图 5-2　迈腾汽车天线位置图

迈腾汽车配有以下天线：

1）驾驶员侧车门的进入及起动系统天线R134（带无钥匙进入/起动系统）。

2）副驾驶员侧车门的进入及起动系统天线R135（带无钥匙进入/起动系统）。

3）右后车门进入及起动许可天线R166（带无钥匙进入/起动系统）。

4）左后车门进入及起动许可天线R165（带无钥匙进入/起动系统）。

5）后保险杠内的进入及起动系统天线R136（带无钥匙进入/起动系统）。

6）后备箱内的进入及起动系统天线R137（带无钥匙进入/起动系统）。

7）车内空间的进入及起动系统天线1——R138。

8）车内空间的进入及起动系统天线2——R139。

每个车门外把手内都集成有一根磁棒式天线，该天线的任务是将进入及起动授权控制单元的信号发送到车钥匙上。迈腾汽车遥控钥匙的有效范围图，如图5-3所示。

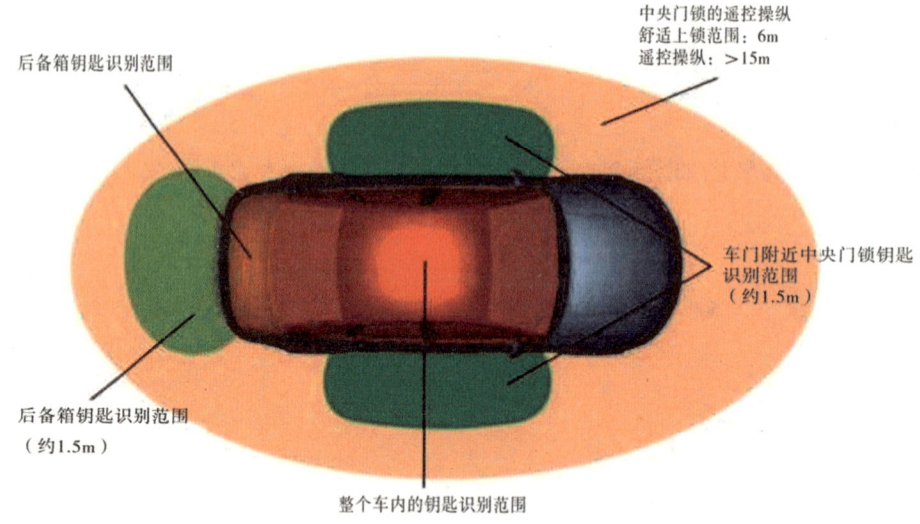

图 5-3　迈腾汽车遥控钥匙的有效范围图

3. 驾驶员侧车内上锁按键 E308

图5-4为迈腾汽车驾驶员侧车门上上锁按键E308，利用该按键可以将中央门锁打开和关闭，关闭了所有车门和后备箱盖锁时，按钮上的指示灯点亮为黄色，防盗报警装置不会激活。在车外无法打开车门或后备箱盖时，比如因交通信号灯停车时，拉动车内的门把手即可在车内开启车门锁、打开车门，所有车门开关里的指示灯熄灭，未打开的车门和后备箱盖仍处于闭锁状态，无法从车外打开。

图 5-4　迈腾汽车驾驶员侧车门上的上锁按键 E308

4. 车门门锁

图5-5为迈腾汽车车门门锁的实物照片，其内部安装有印刷线路板，这些线路板上安装有微动开关，在门锁机械机构动作或门锁控制电机动作时，触发这些微动开关，微动开关将门锁当前的机械状态转换为电信号后被车门控制单元读取。

迈腾车门有两种闭锁状态，即：

1）安全锁止状态。

在安全锁止状态下，从车内及车外均无法打开车门。

2）锁止状态。

在锁止状态下，无法从车外打开车门，但可以从车内打开车门。

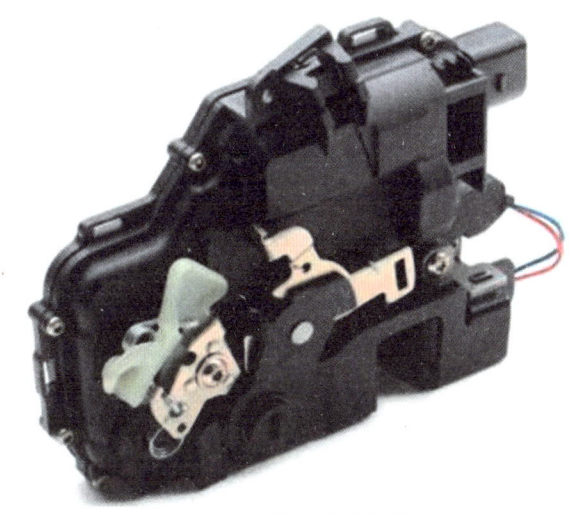

图 5-5　迈腾汽车车门门锁

5. 进入及起动系统接口 J965

图5-6为迈腾汽车进入及起动系统接口J965的实物照片，它主要具备以下几种功能：

1）通过车门外把手触摸传感器感知车门是否需要开启。

2）通过天线向钥匙发送特定的125kHz低频信号。

3）接收一键起动装置按键E378的点火/起动信号。

4）通过舒适CAN总线发送一键起动装置按键E378的点火/起动信号。

图 5-6　迈腾汽车进入及起动系统接口 J965 的实物照片

6. 门控单元

迈腾汽车的四个车门控制单元J386、J387、J388、J389根据各种输入信号控制各种执行器的工作。

三、迈腾汽车中央门锁工作过程

遥控钥匙控制门锁的开闭

按压遥控钥匙上的功能按键，已匹配的钥匙会发送一个特定的钥匙验证代码和功能请求代码。这些代码包括以下内容：

1）车门、油箱盖解锁。
2）后备箱解锁。
3）所有锁机构闭锁。
4）所有锁机构闭锁且车窗玻璃关闭。
5）车门、油箱盖解锁且车窗玻璃打开。
6）寻车请求。

图5-7为开启车门的控制原理图，当操作遥控钥匙时，钥匙将特定的、带有钥匙验证代码的信息发送给控制单元J519，控制单元J519预检查数据的可靠性。如果是可靠的钥匙基本数据，则J519唤醒舒适系统CAN总线，同时起动以下操作：

1）控制单元J519通过舒适系统CAN总线向两个前车门控制单元发送一个车门解锁/闭锁命令，前车门锁机构执行相对应的解锁/闭锁命令。

2）两个前车门控制单元通过局域网LIN总线向两个后车门控制单元发送一个车门解锁/闭锁命令，后车门锁机构执行相对应的解锁/闭锁命令。

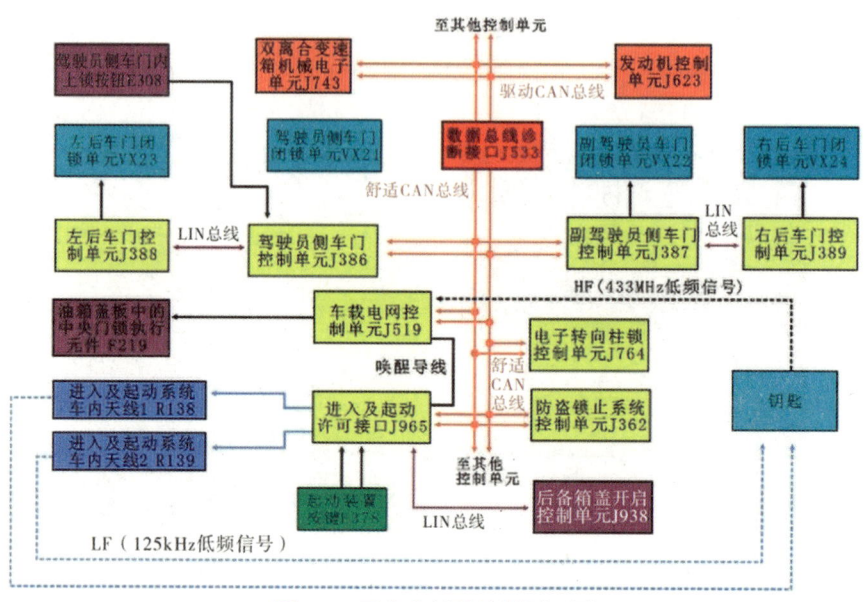

图 5-7 开启车门的控制原理图

3）J519直接向油箱盖中的中央门锁执行元件F219发送油箱盖解锁/闭锁命令，执行元件F219执行相对应的解锁/闭锁命令。

4）进入及起动许可接口J965通过局域网LIN总线向后备箱盖开启装置控制单元J938发送后备箱解锁/闭锁命令，控制单元J938控制后备箱锁机构执行相对应的解锁/闭锁命令。

5）J519直接通过CAN总线向外部所有转向灯输出信号，外部转向灯闪烁。

（1）闭锁汽车时所有转向信号灯闪亮一次，确认汽车已闭锁。

（2）解锁汽车时所有转向信号灯闪亮两次，确认汽车已解锁。

如果转向信号灯不闪亮，表示至少一扇车门或后备箱盖未关闭或车门、后备箱盖开关状态信号故障。

5.2 迈腾 B8 门锁功能开关 F2 故障检修

【学习目标】

迈腾 B8 门锁功能开关 F2 故障检修

知识目标

1. 熟悉迈腾B8门锁功能开关F2的功能；
2. 知道迈腾B8门锁功能开关F2的工作电压特性。

能力目标

1. 会查阅维修手册和分析电路图；
2. 能正确地使用检测仪器仪表，并会分析检测结果；
3. 会书写诊断报告。

素质目标

1. 培养学生克服困难的意志品质，树立爱学习、爱思考的好习惯；
2. 让学生养成乐于合作、积极向上的意志品质。

【知识链接】

一、故障现象

一辆迈腾B8汽车，累计行驶了12.8万公里；用户反映：在使用无钥匙进入或遥控钥匙开启或关闭车门时，"四门两盖"开锁、闭锁均正常；在车内操作车门联锁开关时，发现所有车门锁机构都有解锁的声音,但没有落锁的声音。

二、故障原因分析

图5-8为迈腾汽车驾驶员侧车门控制原理图。使用无钥匙进入可以开启和关闭所有车门,说明各车门的门锁电机可以正常工作,而在车内操作车门联锁开关时,没有落锁的声音,原因可能是:

1)车门联锁开关自身故障,导致挡位信息缺失。

2)信号电路故障,导致挡位信息缺失。

3)车门控制模块自身故障。

4)车门闭锁的条件不能满足,即个别车门的车门状态信息有误。

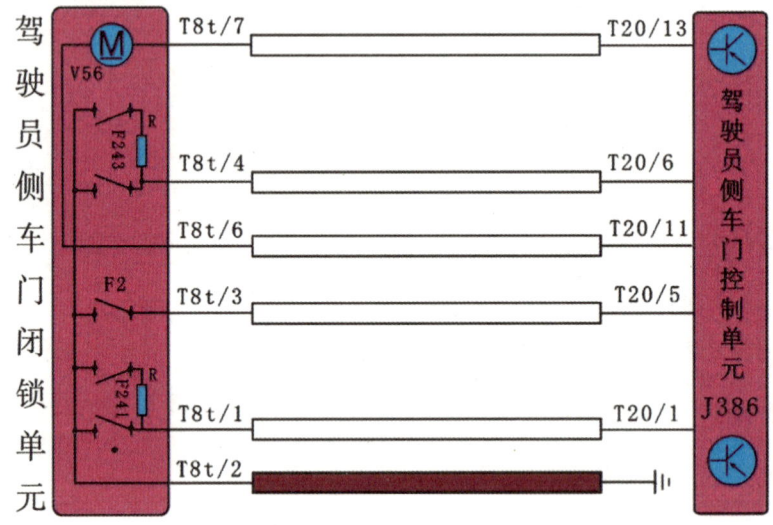

图5-8 迈腾汽车驾驶员侧车门控制原理图

故障检测过程:

1)测量车门控制单元J386的T20/5端子对地波形。

该波形是由车门控制单元J386输出一个0V到车辆工作电压的方波参考信号,如图5-9所示。

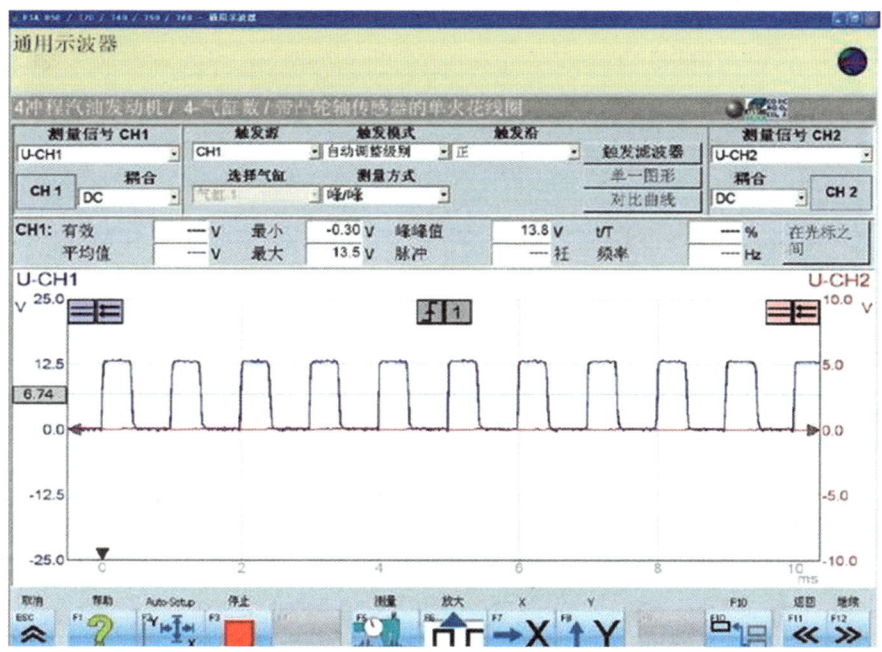

图 5-9 迈腾汽车 J386 T20/5 端子对地波形

开关动作时会通过开关内部触点构成的回路将此信号幅值拉低至0V，因此测量时应先连接示波器，然后再操作开关，同时观察信号的变化。无论何时拉开车门，信号波形都应该为一条0V的直线，如图5-10所示。

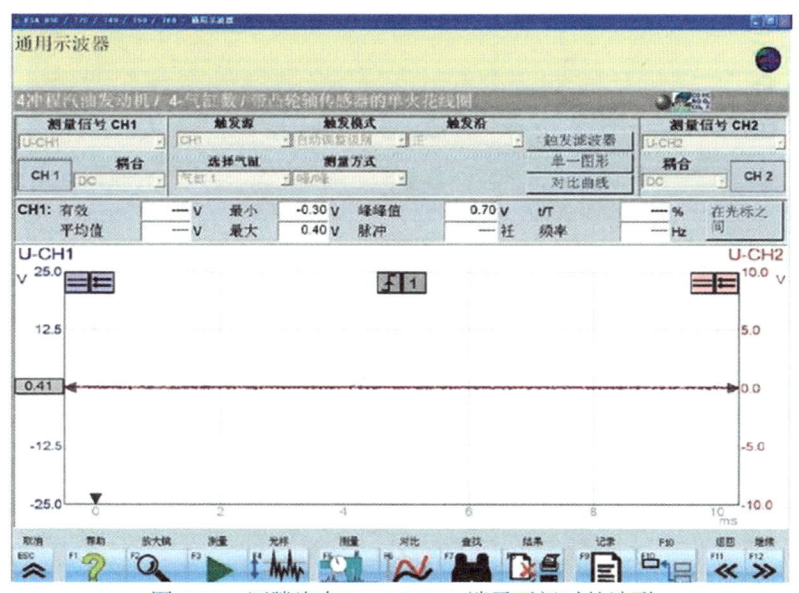

图 5-10 迈腾汽车 J386 T20/5 端子开门时的波形

而在关闭车门时，信号波形应为0V到+B的方波参考信号，实测波形在打开车门或关闭车门时是正确的0V到+B的方波，如图5-11所示。

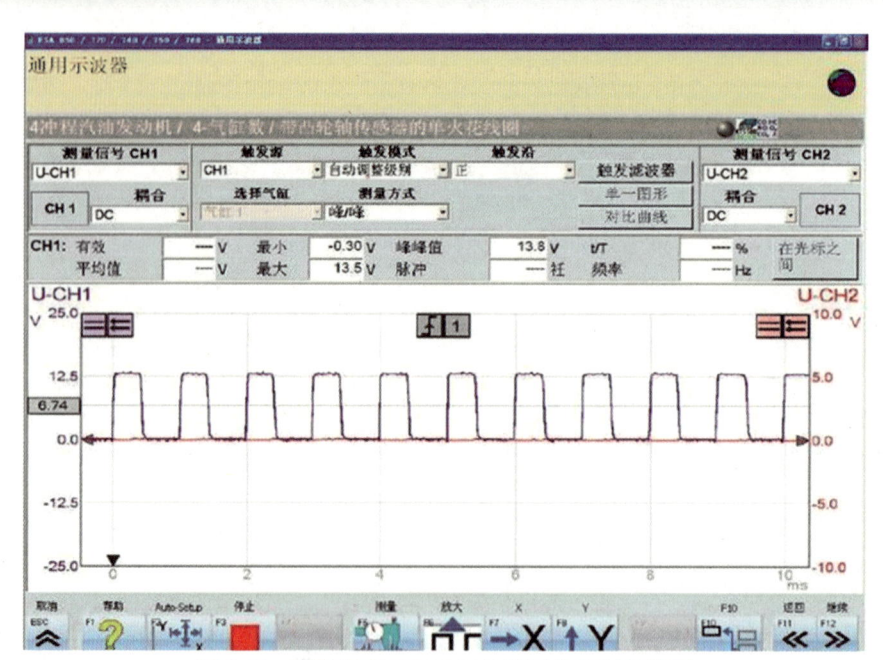

图 5-11　迈腾汽车 J386 T20/5 端子关门时的波形

2）测量驾驶员侧车门锁的T8t/3端子对地波形。

实测波形在打开车门或关闭车门时始终是0V到+B的方波，如图5-12所示。

结果说明：线路良好，可能是开关故障。

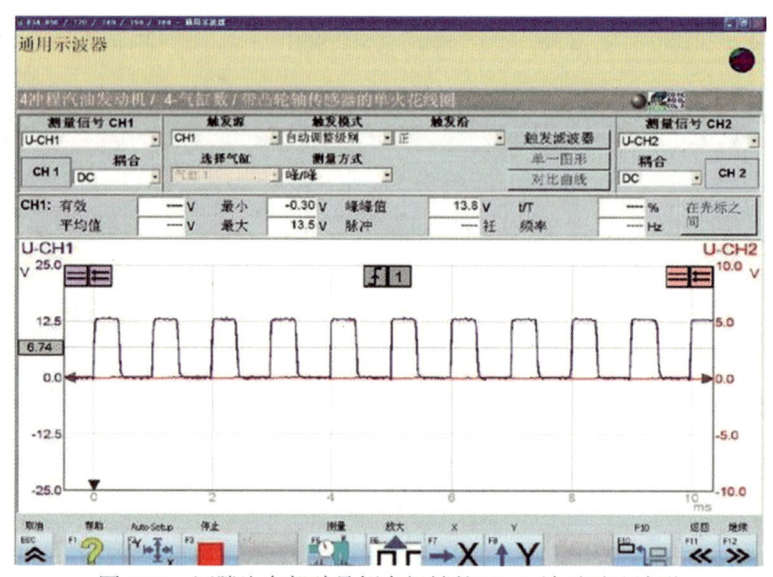

图 5-12　迈腾汽车驾驶员侧车门锁的 T8t/3 端子对地波形

3）测量开关导通性。

关闭点火开关，拔下驾驶员侧车门锁T8t连接器，测量驾驶员侧车门锁T8t/3引脚与 T8t/2引脚之间的电阻值，该电阻值在关闭车门的状态下应为无穷大，实测值为0.01Ω，说明开关内部短路。

4）检测结果。

驾驶员侧门锁功能开关F2自身存在短路故障。

5）更换开关后，打开点火开关，操作中控门锁开关（也称联锁开关），所有车门正常落锁，排除故障。

【实训操作】

一、实训准备

1. 工作场景：实训车间。
2. 操作器材：迈腾B8整车、维修手册、汽车诊断仪、示波器、万用表、工具车。

二、实训内容

1. 正确安装安全防护用具；
2. 正确查阅维修手册及电路图；
3. 在实训车辆上安全规范地进行检测诊断；
4. 排除车辆故障；
5. 书写实训报告。

汽车舒适与安全系统检修

【学习评价表】

评价内容	配分	序号	具体指标	分值	得分 自评	得分 组评	得分 师评
作业准备	15	1	正确地穿戴工作服、手套等安全防护用品	5			
		2	了解迈腾 B8 门锁功能开关 F2 工作电路原理	5			
		3	准备好所需的工具仪器并确保能正常使用	5			
工作安全	25	4	不违章作业	5			
		5	遵守作业程序	5			
		6	无人员受伤或设备损坏	5			
		7	遵守工作制度	5			
		8	发现问题及时报告	5			
工作过程	35	9	正确使用安全防护用具	5			
		10	能够规范正确地使用汽车诊断仪、万用表	5			
		11	会查阅维修手册和分析电路图	5			
		12	会分析检测结果	5			
		13	会书写诊断报告	15			
职业素养	25	14	遵守规章制度	5			
		15	作业规范	5			
		16	流程正确	5			
		17	结果分析正确	5			
		18	工作效率高	5			
综合得分				100			

5.3　迈腾 B8 联锁开关故障检修

迈腾 B8 联锁开关故障检修

【学习目标】

❀ 知识目标

1. 熟悉迈腾B8联锁开关工作原理；
2. 知道迈腾B8联锁开关工作电压特性。

— 96 —

✿ 能力目标

1. 会查阅维修手册和分析电路图；
2. 能正确地使用检测仪器仪表，并会分析检测结果；
3. 会书写诊断报告。

✿ 素质目标

1. 树立安全第一的思想，注意个人安全、他人安全、设备安全；
2. 保持作业环境卫生，设备、设施干净整洁；
3. 能严格执行车间7S管理规范。

【知识链接】

一、故障现象

用户反映：打开点火开关，操作联锁开关，所有车门均无法正常落锁与解锁；关闭车门后，使用钥匙遥控所有车门落锁，车门可以正常落锁。

二、故障原因分析

首先，从图5-13中可以看到联锁开关E308是用离散电线连接到驾驶员侧车门控制单元J386上并输入开关信号的，联锁开关E308内部有开关照明灯L76（由小灯开关控制），车内联锁指示灯K147在车门闭锁时点亮。联锁开关内部有两个开关，一个带电阻，一个不带电阻。

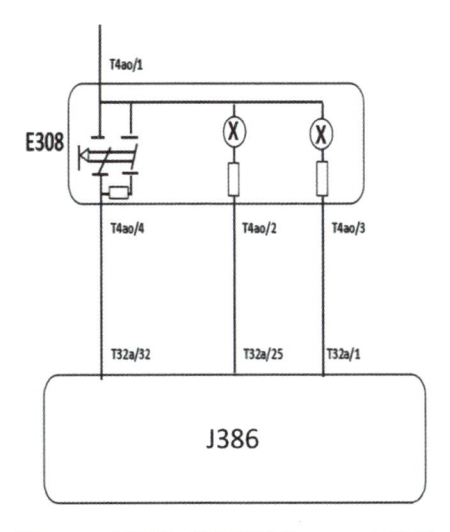

图 5-13　迈腾汽车联锁开关 E308 电路图

三、联锁开关工作原理

接下来我们学习一下联锁开关工作原理，驾驶员侧车门控制单元J386通过其T32a/32端子输出一个0V到5V的方波参考信号至联锁开关T4ao/4端子。

当按下开锁键时，通过联锁开关T4ao/1端子的接地回路将该信号拉低至0V。控制单元J386以此电位判断开关输入的是开启信号。

当按下闭锁键时，经过联锁开关内部的电阻后再通过T4ao/1端子接地，此时0V~5V的方波信号幅值拉低至0V~3.6V的方波信号。控制单元J386就判断开关输入的是闭锁信号。迈腾汽车联锁开关信号解析图如图5-14所示。

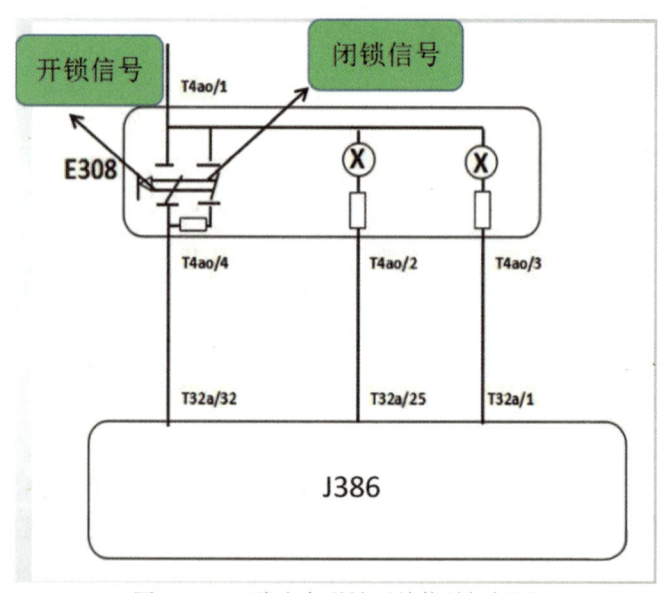

图5-14 迈腾汽车联锁开关信号解析图

四、故障原因分析

1）因为使用遥控钥匙控制所有车门落锁，车门可以正常落锁，说明门锁、门锁电机、舒适CAN总线、LIN总线，以及J387、J388、J389供电及接地等设施都正常。

2）使用中控门锁开关（联锁开关）时，所有的车门门锁均无法正常落锁与开锁，根据联锁开关的结构与工作原理，说明驾驶员侧车门控制单元（J386）无法正常地接收来自联锁开关E308的信号。

故障可能的原因：

（1）联锁开关E308自身故障；

（2）E308至驾驶员侧车门控制单元（J386）之间的线路故障；

（3）驾驶员侧车门控制单元局部故障。

五、故障检测过程

1）根据迈腾B8汽车联锁开关原理图，因为打开灯光开关，联锁开关的灯光照明灯正常点亮，说明E308接地正常，所以先检测驾驶员侧车门控制单元是否能接收到信号。

2）打开点火开关，反复操作联锁开关，测量驾驶员侧车门控制单元(J386)的端子T32a/32对地电压，正常电压为5V，闭锁的电压为2.3V，解锁的电压为0V，实测电压一直为5V，说明J386信号输出正常。

故障可能的原因：

（1）联锁开关E308自身故障；

（2）E308至驾驶员侧车门控制单元（J386）之间的线路故障。

（3）检测E308端子T4ao/4的对地波形。

标准波形应为0V到5V的矩形波形，如图5-15所示。

3）打开点火开关，反复操作联锁开关E308，使其进行解锁与闭锁，用示波器检测联锁开关E308的端子T4ao/4的对地波形。实测波形如图5-16所示，一直是静态波形。

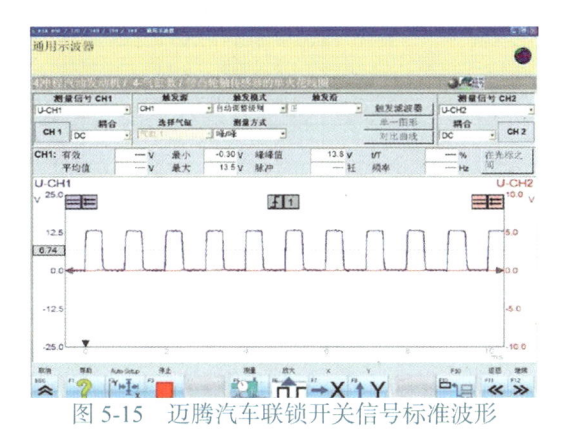

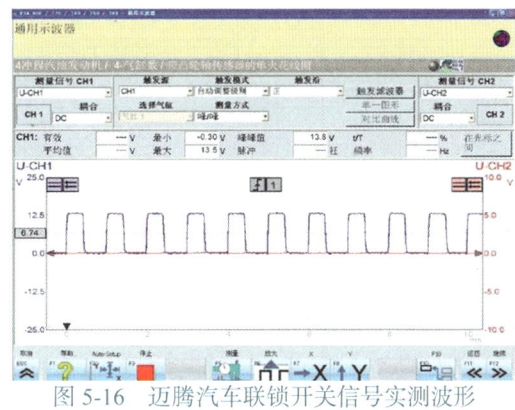

图5-15　迈腾汽车联锁开关信号标准波形　　　图5-16　迈腾汽车联锁开关信号实测波形

4）检测开关。

拆下联锁开关，使用万用表检测联锁开关E308的T4ao/4与T4ao/1之间的电阻。标准值为：开锁时约为180Ω，闭锁时小于0.5Ω，实测值却为无穷大，说明开关损坏。

更换配件后，打开点火开关，操作联锁开关，所有车门正常落锁，排除故障。

【实训操作】

一、实训准备

1. 工作场景：实训车间。
2. 操作器材：迈腾B8整车、维修手册、汽车诊断仪、示波器、万用表、工具车。

二、实训内容

1. 正确安装安全防护用具；
2. 正确查阅维修手册及电路图；
3. 在实训车辆上安全规范地进行检测诊断；
4. 排除车辆故障；
5. 书写实训报告。

【学习评价表】

评价内容	配分	序号	具体指标	分值	得分 自评	得分 组评	得分 师评
作业准备	15	1	正确地穿戴工作服、手套等安全防护用品	5			
		2	了解迈腾 B8 联锁开关工作原理	5			
		3	准备好所需的工具仪器并确保能正常使用	5			
工作安全	25	4	不违章作业	5			
		5	遵守作业程序	5			
		6	无人员受伤或设备损坏	5			
		7	遵守工作制度	5			
		8	发现问题及时报告	5			
工作过程	35	9	正确使用安全防护用具	5			
		10	能够规范正确地使用汽车诊断仪、万用表	5			
		11	会查阅维修手册和分析电路图	5			
		12	会分析检测结果	5			
		13	会书写诊断报告	15			
职业素养	25	14	遵守规章制度	5			
		15	作业规范	5			
		16	流程正确	5			
		17	结果分析正确	5			
		18	工作效率高	5			
综合得分				100			

5.4 迈腾 B8 门锁电机 V56 故障检修

【学习目标】

迈腾 B8 门锁电机
V56 故障检修

知识目标

1. 熟悉迈腾B8门锁电机V56工作原理；
2. 知道迈腾B8门锁电机V56工作电压特性。

能力目标

1. 会查阅维修手册和分析电路图；
2. 能正确地使用检测仪器仪表，并会分析检测结果；
3. 会书写诊断报告。

素质目标

1. 树立安全第一的思想，注意个人安全、他人安全、设备安全；
2. 保持作业环境卫生，设备、设施干净整洁；
3. 能严格执行车间7S管理规范。

【知识链接】

一、故障现象

一辆迈腾B8汽车，累计行驶了10.8万公里；用户反映：打开点火开关，操作驾驶员侧的联锁开关，左后车门门锁不工作；关闭所有车门后，使用遥控钥匙进行解锁与闭锁，除了左后车门门锁不工作，其他车门门锁均正常工作；打开灯光开关，左后车门玻璃升降器的开关指示灯正常点亮。

二、左后车门闭锁器电路图分析

首先我们来看一下迈腾B8左后车门闭锁器电路图，从图5-17中可以看到车门闭锁器是用离散电线连接到车门控制单元J388上并执行"开锁/闭锁"动作的。图中有一个VX23门锁电机，三个状态开关（分别是F2、F243、F241）。

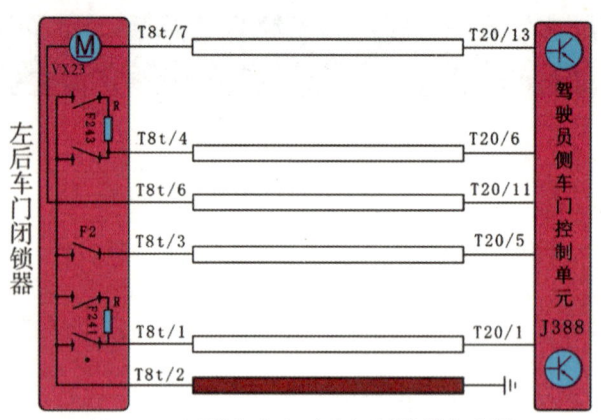

图 5-17　迈腾汽车左后车门闭锁器电路图

三、门锁电机 V56 工作原理

驾驶员侧车门控制单元J388通过其T20/13至门锁电机的T8t/7之间的线路连接到电机的一个电极，同时通过T20/11至门锁电机的T8t/6之间的线路连接到电机的另一个电极。J388同时给2条线路输出相反电压时，门锁电机动作，带动机械机构关闭或开启车门锁。

四、故障原因分析

根据迈腾B8汽车中控门锁控制原理和电路原理图分析其故障原因。
故障可能的原因是：
（1）门锁关闭单元（VX23）自身故障。
（2）门锁关闭单元（VX23）至左后车门控制单元（J388）之间的线路故障。
（3）左后车门控制单元（J388）局部故障。

五、故障检测过程

（1）打开点火开关，用解码器读取故障码，发现没有故障码。
（2）如果可以利用解码器进行执行元件的诊断，最好诊断一下，以区分控制模块内部的程序有没有故障。
（3）测量车门电机的T8t/7和T8t/6之间的驱动波形。
注意：因为门锁电机驱动电压时间很短，万用表反应速度过慢，无法准确测试驱动电压，所以建议使用示波器进行测量，测量时应先连接示波器，设置好波形参数，然后再操作联锁开关。
车门解锁时的波形：将双通道示波器连接到车门电机的T8t/7和T8t/6端子上，并设置好参数。按下车内联锁开关开锁键时，测得波形如图5-18所示。门锁电机的T8t/7端子电压从0V上升到了12V，T8t/6端子电压一直为0V，说明开锁信号正常。

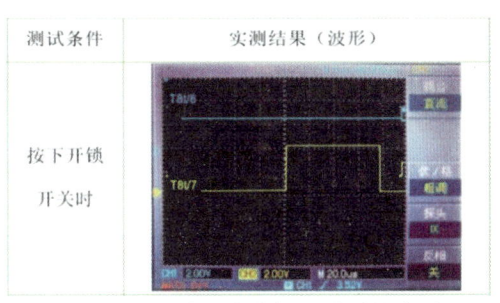

图 5-18　迈腾汽车车门开锁时的波形

车门闭锁时的波形：按下车内联锁开关闭锁键时，测得波形如图5-19所示。门锁电机的T8t/6端子电压从0V上升到了12V，T8t/7端子电压一直为0V，说明闭锁信号正常。

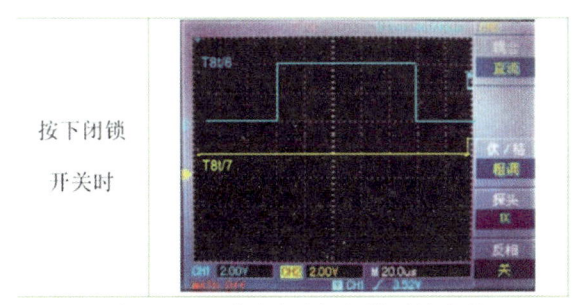

图 5-19　迈腾汽车车门闭锁时的波形

六、结论

根据以上几项测试结果说明：门锁电机自身（VX23）存在故障。更换配件后，打开点火开关，操作联锁开关，所有车门正常落锁，排除故障。

【实训操作】

一、实训准备

1. 工作场景：实训车间。
2. 操作器材：迈腾B8整车、维修手册、汽车诊断仪、示波器、万用表、工具车。

二、实训内容

1. 正确安装安全防护用具；
2. 正确查阅维修手册及电路图；
3. 在实训车辆上安全规范地进行检测诊断；

4. 排除车辆故障；

5. 书写实训报告。

【学习评价表】

评价内容	配分	序号	具体指标	分值	得分 自评	得分 组评	得分 师评
作业准备	15	1	正确地穿戴工作服、手套等安全防护用品	5			
		2	了解迈腾B8门锁电机的工作原理	5			
		3	准备好所需的工具仪器并确保能正常使用	5			
工作安全	25	4	不违章作业	5			
		5	遵守作业程序	5			
		6	无人员受伤或设备损坏	5			
		7	遵守工作制度	5			
		8	发现问题及时报告	5			
工作过程	35	9	正确使用安全防护用具	5			
		10	能够规范正确地使用汽车诊断仪、万用表	5			
		11	会查阅维修手册和分析电路图	5			
		12	会分析检测结果	5			
		13	会书写诊断报告	15			
职业素养	25	14	遵守规章制度	5			
		15	作业规范	5			
		16	流程正确	5			
		17	结果分析正确	5			
		18	工作效率高	5			
综合得分				100			

5.5　后备箱门无法开启故障检修

后备箱门无法开启故障检修

【学习目标】

❀ 知识目标

1. 熟悉迈腾B8后备箱门开启的工作原理；
2. 知道迈腾B8后备箱门开启的工作电压特性。

✿ 能力目标

1. 会查阅维修手册和分析电路图；
2. 能正确地使用检测仪器仪表，并会分析检测结果；
3. 会书写诊断报告。

✿ 素质目标

1. 树立安全第一的思想，注意个人安全、他人安全、设备安全；
2. 保持作业环境卫生，设备、设施干净整洁；
3. 能严格执行车间7S管理规范。

【知识链接】

一、故障现象

使用无钥匙进入或遥控钥匙开启后备箱门时，车门开锁正常；在车内操作后备箱开锁按钮时，后备箱门无法开启。

二、后备箱门开启控制原理电路图分析

图5-20是迈腾B8汽车后备箱门开启控制原理电路图，从电路图中可以看到，后备箱控制机构包括后备箱门遥控钥匙、开启开关E233、左前车门控制单元J386作为主控模块、车载电网控制单元J519、网关J533、进入许可控制单元J965、尾门控制单元J938。

E233与J386用离散电缆连接并由J386发出控制信号。J386、J519、J965通过舒适CAN总线连接到网关J533上。J938与J965用LIN总线连接。

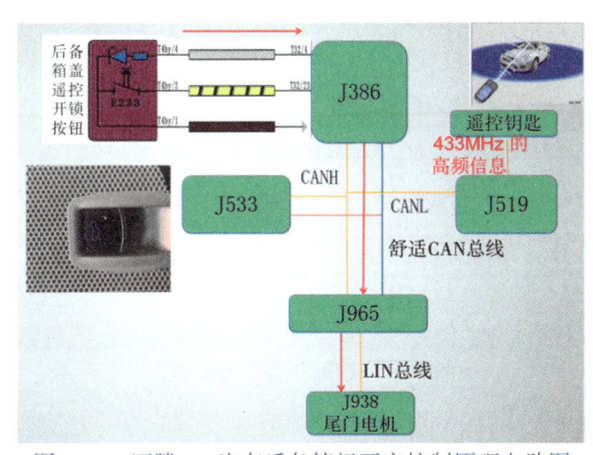

图 5-20 迈腾 B8 汽车后备箱门开启控制原理电路图

三、用 E233 开启后备箱门的控制原理

J386通过其T32/23与E233之间的线路为E233提供0V到+B的方波参考信号，当向上拉动驾驶员侧车门上的后备箱开锁按钮E233时，开关将参考信号接地，J386接收到开关E233内部触点返回的低电压信号，并转化为数字信号，通过舒适CAN总线发送后备箱开锁信息至J965，J965再通过LIN总线将开锁信号发送给J938，J938接收到开锁信号后，J938内部驱动电机线路接通，驱动电机运转，开启后备箱门。

四、故障原因分析

因为用无钥匙进入或遥控钥匙开启后备箱门时，开锁正常，说明舒适CAN总线、J519、J965、J938、尾门电机及其线路正常，根据图5-20进行分析，可能原因是：
（1）后备箱开锁按钮（E233）自身故障；
（2）后备箱开锁按钮（E233）与左前车门控制单元（J386）之间的线路故障；
（3）左前车门控制单元（J386）局部故障。

五、故障检测过程

（1）打开点火开关，测量后备箱开锁按钮（E233）的 T4by/3端子对地波形。测得静态波形如图5-21所示，结果正常。

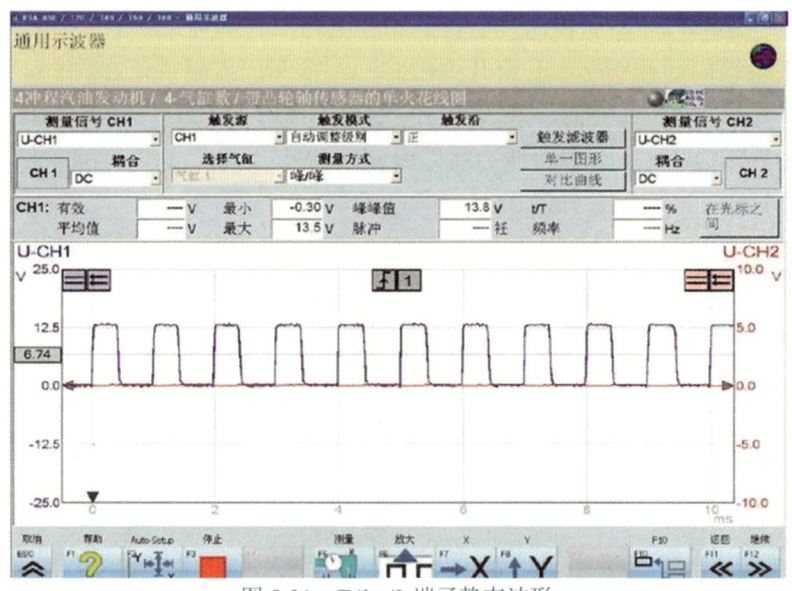

图 5-21 T4by/3 端子静态波形

测得开锁波形如图5-22所示，结果正常。

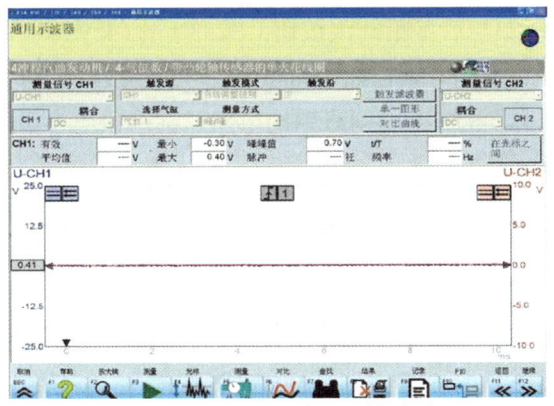

图 5-22　T4by/3 端子开锁波形

（2）打开点火开关，测量左前车门控制单元（J386）的T32/23端子对地波形。测得静态波形如图5-23所示，结果正常。

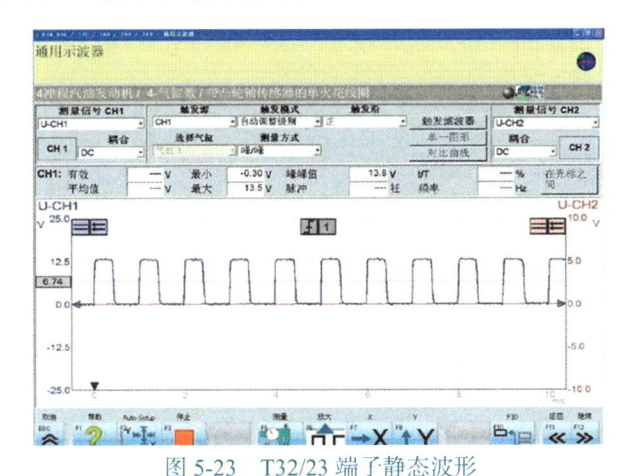

图 5-23　T32/23 端子静态波形

测得开锁波形如图5-24所示，结果异常。

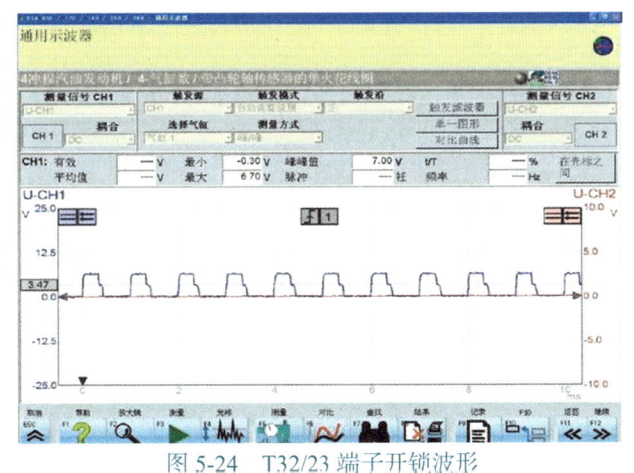

图 5-24　T32/23 端子开锁波形

（3）测量J386的T32/23与后备箱开锁按钮（E233）的T4by/3间线路的导通性。关闭点火开关，拔下J386的T32和后备箱开锁按钮（E233）的T4by连接器，用万用表测量J386的T32/23与后备箱开锁按钮（E233）的T4by/3间线路的电阻，标准值应小于0.5Ω，实测值为135Ω。

检测结果：

J386的T32/23与E233的T4by/3间的线路存在虚接故障。

验证：

修复线路后，打开点火开关，操作后备箱开锁按钮，后备箱正常开启，排除故障。

【实训操作】

一、实训准备

1. 工作场景：实训车间。
2. 操作器材：迈腾B8整车、维修手册、汽车诊断仪、示波器、万用表、工具车。

二、实训内容

1. 正确安装安全防护用具；
2. 正确查阅维修手册及电路图；
3. 在实训车辆上安全规范地进行检测诊断；
4. 排除车辆故障；
5. 书写实训报告。

【学习评价表】

评价内容	配分	序号	具体指标	分值	得分 自评	得分 组评	得分 师评
作业准备	15	1	正确地穿戴工作服、手套等安全防护用品	5			
		2	了解迈腾B8后备箱开启的工作原理	5			
		3	准备好所需的工具仪器并确保能正常使用	5			
工作安全	25	4	不违章作业	5			
		5	遵守作业程序	5			
		6	无人员受伤或设备损坏	5			
		7	遵守工作制度	5			
		8	发现问题及时报告	5			
工作过程	35	9	正确使用安全防护用具	5			
		10	能够规范正确地使用汽车诊断仪、万用表	5			
		11	会查阅维修手册和分析电路图	5			
		12	会分析检测结果	5			
		13	会书写诊断报告	15			
职业素养	25	14	遵守规章制度	5			
		15	作业规范	5			
		16	流程正确	5			
		17	结果分析正确	5			
		18	工作效率高	5			
综合得分				100			

5.6　VAS 6150引导型故障诊断功能

【学习目标】

❋ 知识目标

知道VAS 6150引导型故障诊断功能的使用方法。

VAS 6150引导型
故障诊断功能

能力目标

会使用VAS 6150进行引导型故障诊断。

素质目标

1. 树立安全第一的思想，注意个人安全、他人安全、设备安全；
2. 保持作业环境卫生，设备、设施干净整洁；
3. 能严格执行车间7S管理规范。

【知识链接】

VAS 6150引导型故障诊断功能介绍

下面以中控门锁为例，介绍VAS 6150引导型故障诊断功能之输出诊断测试。测试步骤如下：

（1）进行常规检查，蓄电池电压保证12.7V以上，在关闭点火开关的情况下连接诊断接头（VAS 6150）到车辆诊断接口，并保证VAS 6150电源指示灯点亮，如图5-25所示。

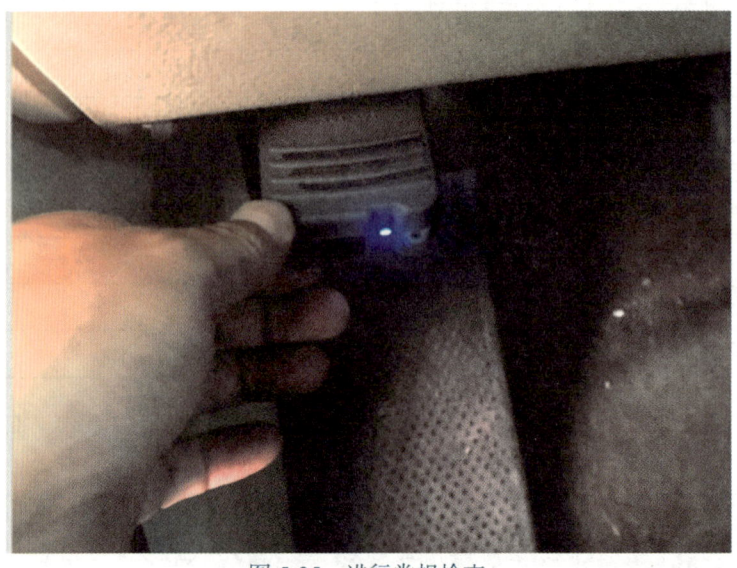

图5-25　进行常规检查

（2）打开点火开关，并打开一汽大众ODIS诊断系统，观察车辆与诊断仪的连接情况，如图5-26所示。

项目五　中控门锁系统的检修

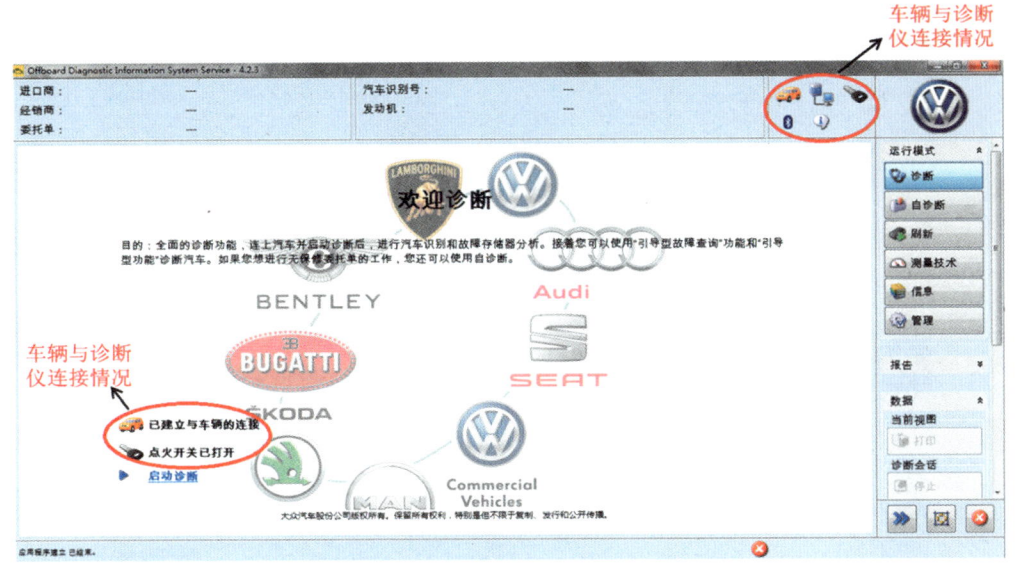

图 5-26　观察车辆与诊断仪的连接情况

（3）按图5-27的标识进行操作，第1步单击"诊断"按钮，第2步单击"启动诊断"按钮。

图 5-27　启动诊断功能

（4）单击下拉菜单，选择车型及发动机型号，并单击"应用"按钮，如图5-28和图5-29所示。

— 111 —

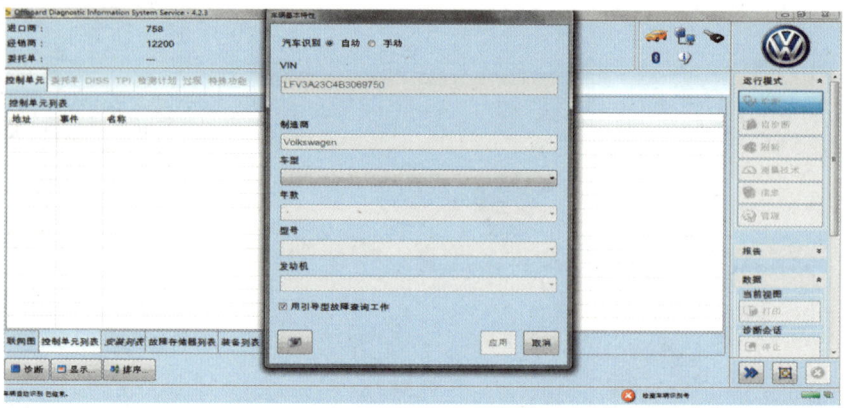

图5-28 选择车型及发动机型号

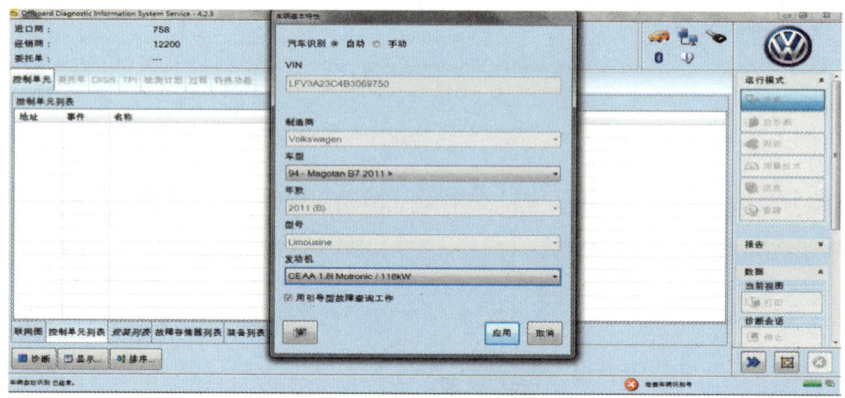

图5-29 单击"应用"按钮

（5）单击"无委托单"按钮进行下一步操作，如图5-30所示。

图5-30 单击"无委托单"按钮

（6）按图5-31的标识进行操作，第1步打开"联网图"，第2步选择要诊断的控制单元"42驾驶员侧车门电子设备"。

项目五 中控门锁系统的检修

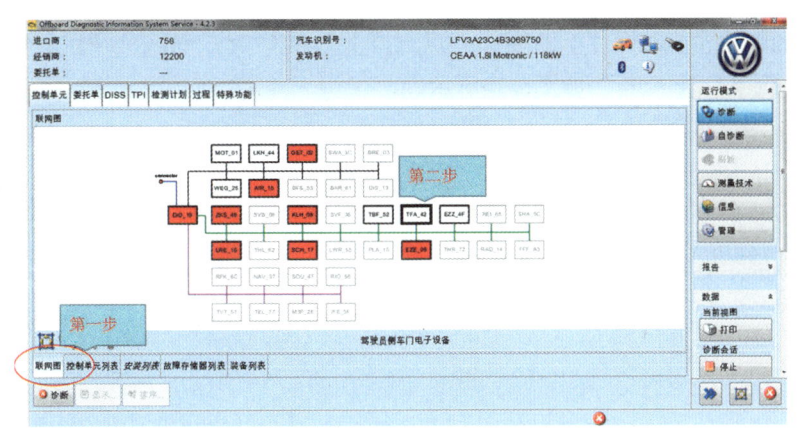

图 5-31 选择要诊断的控制单元

选择要诊断的控制单元后，单击鼠标右键，在弹出的快捷菜单中选择"引导型功能"选项，进行下一步诊断，如图5-32所示。

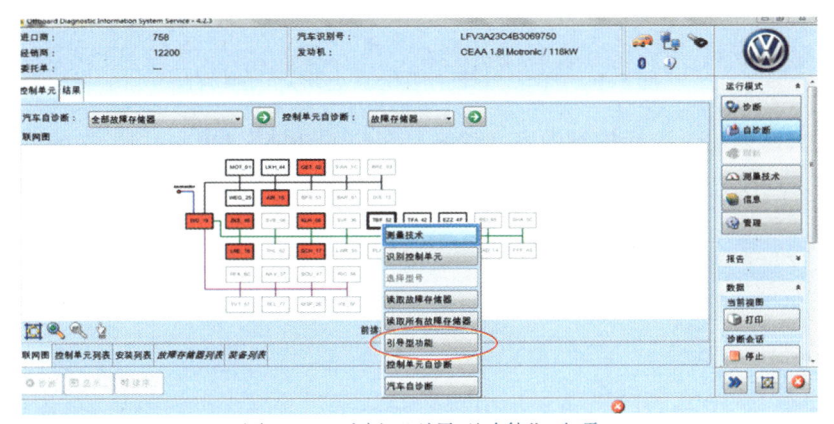

图 5-32 选择"引导型功能"选项

（8）选择"42-输出诊断测试模式（维修分组号57）"选项，进行下一步诊断，如图5-33所示。

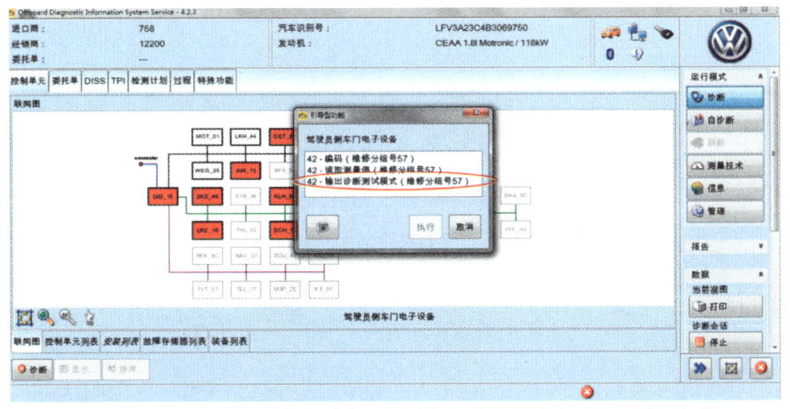

图 5-33 选择"42-输出诊断测试模式（维修分组号 57）"选项

— 113 —

（9）按窗口提示，进行"诊断插头、点火开关"的检查，确认良好后，单击"完成/继续"按钮，进行下一步诊断，如图5-34所示。

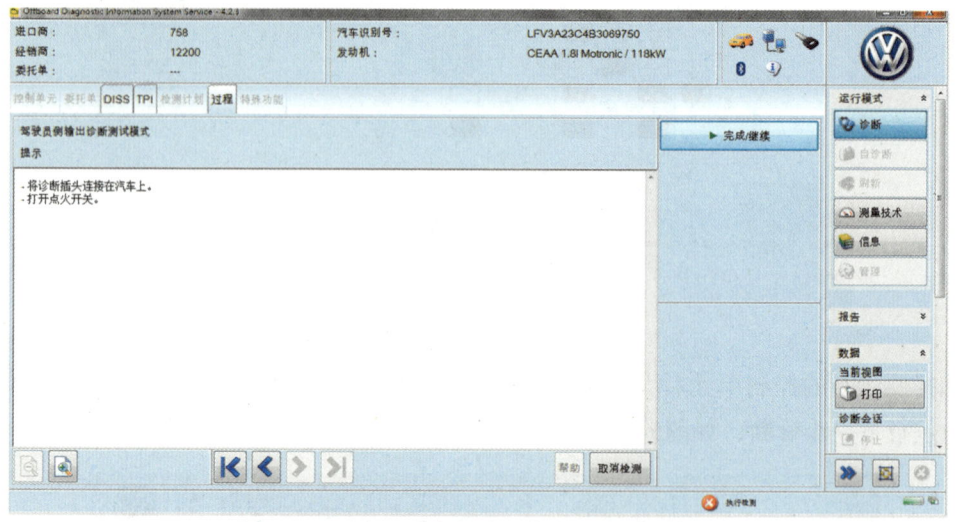

图5-34　进行"诊断插头、点火开关"的检查

（10）按窗口提示，选择检测内容"驾驶员车门的功能"，单击"1"按钮，进行下一步诊断，如图5-35所示。

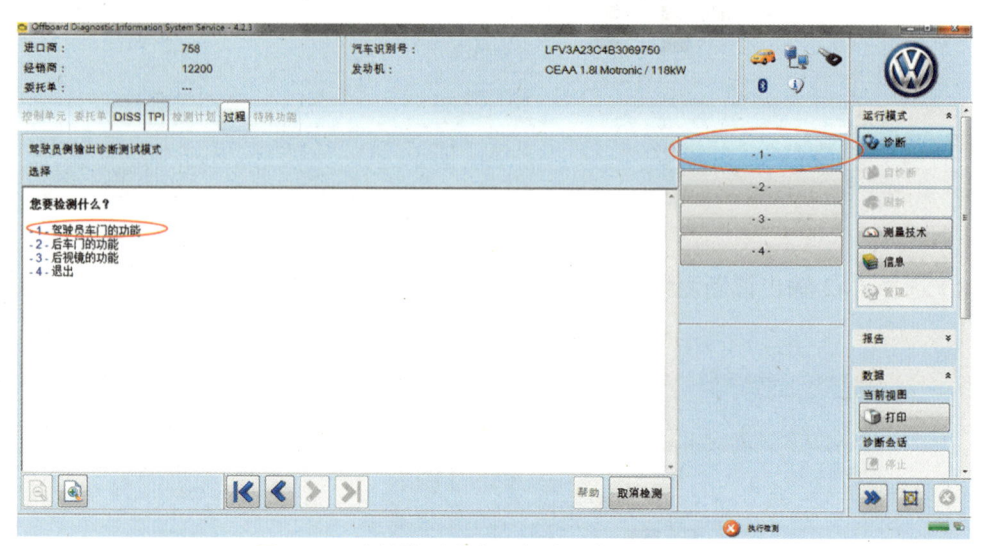

图5-35　选择检测内容"驾驶员车门的功能"

注：驾驶员车门，即驾驶员侧车门（书中其他处均用此表述）。

（11）按窗口提示，选择检测内容"中央门锁"，单击"1"按钮，进行下一步诊断，如图5-36所示。

项目五　中控门锁系统的检修

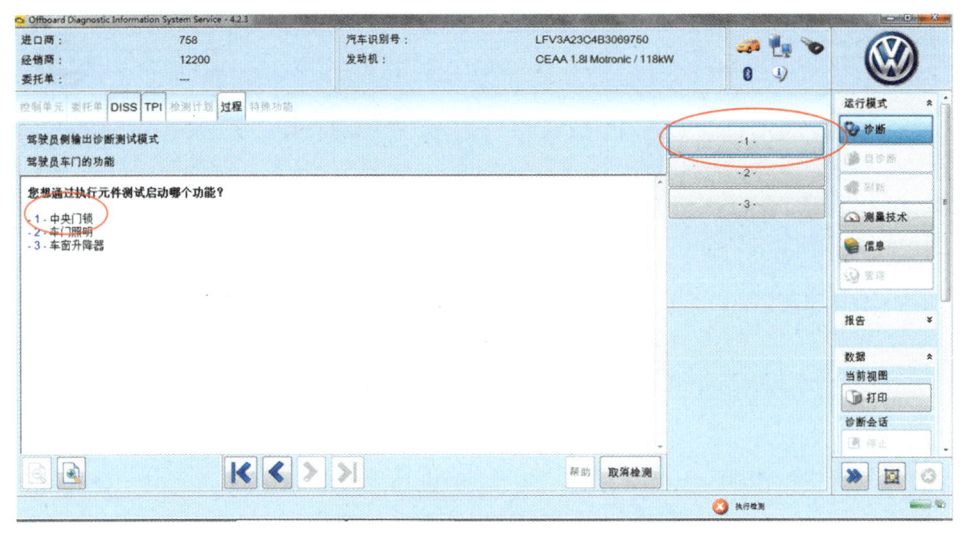

图 5-36　选择检测内容"中央门锁"

（12）按窗口提示，阅读能实现的功能，单击"完成/继续"按钮，进行下一步诊断，如图5-37所示。

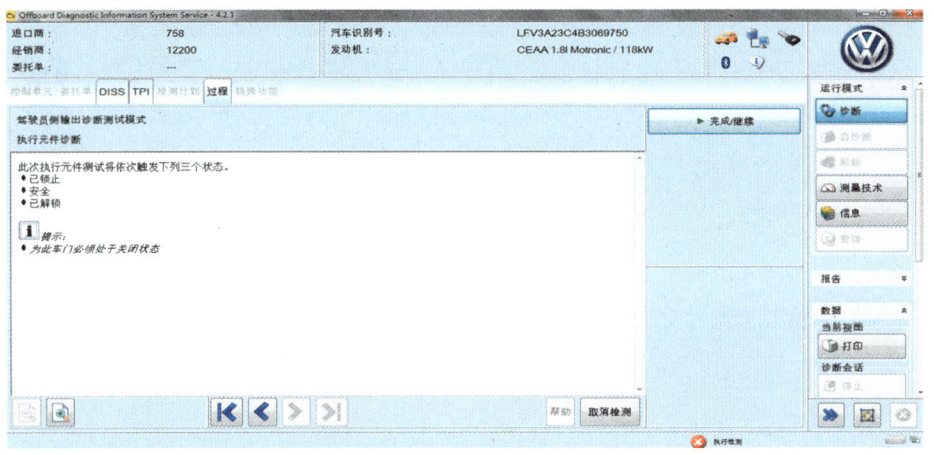

图 5-37　单击"完成/继续"按钮

（13）在此期间会听到门锁电机"锁门、开门"的声音，我们也可以在车内进行验证，如图5-38所示。

— 115 —

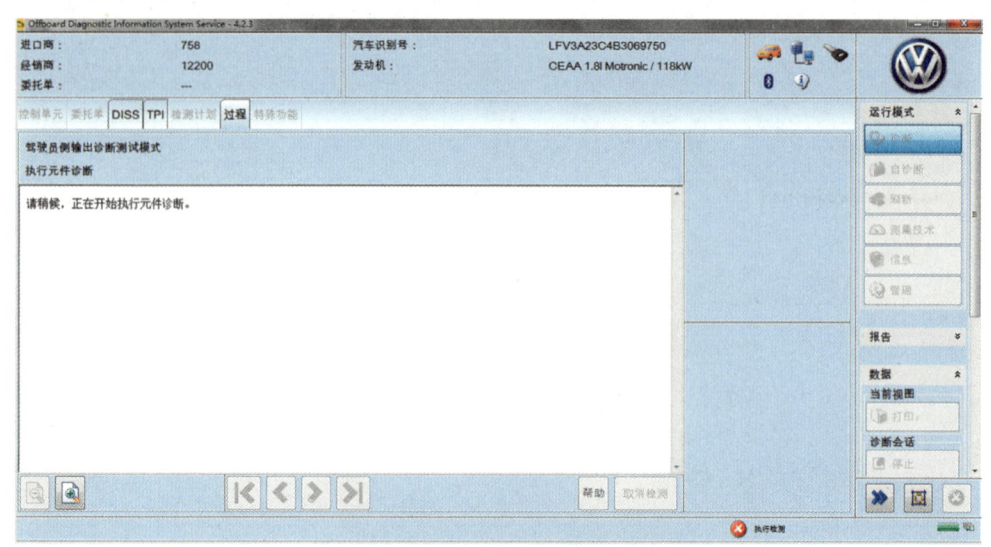

图 5-38　执行元件诊断期间

（14）在这一步已经完成了中控门锁引导型功能之输出诊断测试。单击"是"按钮退出，如图5-39所示。

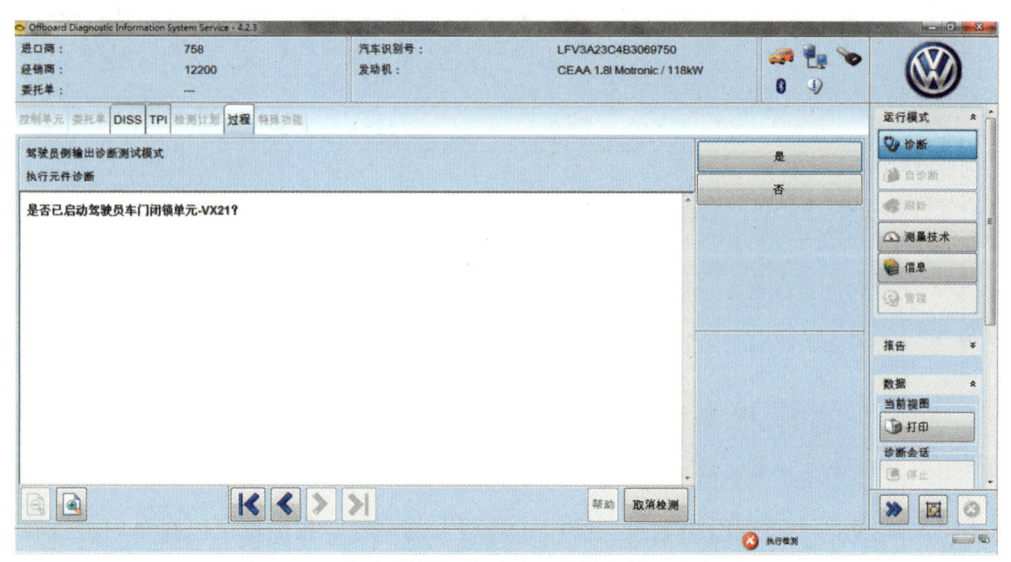

图 5-39　完成中控门锁引导型功能之输出诊断测试

其他"三门"的引导型功能之输出诊断测试步骤与以上操作步骤相似。

项目六 汽车防盗系统的检修

项目概述

汽车防盗系统是指防止汽车本身或车上的物品被盗所设的系统,它由电子控制的遥控器或钥匙、电子控制电路、报警装置和执行机构等组成。最早的汽车门锁是机械式门锁,只用于汽车行驶时防止车门意外打开而发生危险,只起行车安全作用,不起防盗作用。随着社会的进步、科学技术的发展和汽车保有量的不断增加,后来制造的汽车、货车车门上都装了带钥匙的门锁。这种门锁只控制一个车门,其他车门是靠车内门上的门锁按钮进行开启或锁止的。

本项目包含了3个基本学习任务,分别是汽车防盗系统的类型、汽车防盗系统的组成与工作原理、汽车防盗系统的故障检修。

通过本项目的学习,你要在知识、技能、行为习惯等方面达到以下相关要求:

序号	学习内容	了解知道	理解掌握	指导下操作	独立操作
1	安全规范的操作				√
2	实训室、学习环境整洁有序				√
3	团队合作学习、积极思考				√
4	工具的正确选择和使用				√
5	知道汽车防盗系统的类型	√			
6	掌握汽车防盗系统的组成和工作原理		√		
7	掌握迈腾B8无钥匙进入系统的组成与工作原理		√		
8	掌握VAS 6150引导型故障诊断使用方法			√	

6.1 汽车防盗系统的类型

【学习目标】

6.1 防盗系统的分类

✾ **知识目标**

1. 了解汽车防盗系统及其类型；
2. 知道各种汽车防盗系统的基本原理。

✾ **能力目标**

会讲述各种汽车防盗系统的工作过程。

✾ **素质目标**

1. 树立安全第一的思想，注意个人安全、他人安全、设备安全；
2. 保持作业环境卫生，设备、设施干净整洁；
3. 具有安全规范操作意识，遇事不慌，临危不惧，遵守各项实训安全规定。

【知识链接】

一、汽车防盗系统的概述

汽车防盗系统就是一种安装在车上，用来增加盗车难度，延长盗车时间的装置，是汽车的保护神。它通过将防盗器与汽车电路配接在一起，从而达到防止车辆被盗、被入侵、保护汽车并实现防盗器各种功能的目的。随着科学技术的进步，为对付不断升级的盗车手段，人们研制出各种方式、不同结构的防盗器，防盗器按其结构可分四大类：机械式、芯片式、电子式和网络式。

一、机械式

机械式防盗装置是一种市面上较简单、较廉价的防盗器类型，其原理也很简单，只是将方向盘、控制踏板或挡柄锁住。其优点是价格便宜，安装简便；其缺点是防盗不彻底，每次拆装麻烦，不使用时还要找地方放置。比较常见的机械式防盗装置有6种。

1. 方向盘锁

所谓方向盘锁就是大家熟悉的"拐杖锁",它靠坚固的金属结构锁住汽车的操纵部分,使汽车无法开动。方向盘锁或者将方向盘与制动踏板连接在一块,或者直接在方向盘上加上限位铁棒使方向盘无法转动。市场上推出了一种护盘式方向盘锁,以覆盖的方式,将镍铝高强度合金钢横跨在方向盘的某二辐,在锁头上再接一根金属棒,防止歹徒使用暴力窃车。这种锁为隐藏式,有一层防锯防钻钢板保护,另外材质也比传统的"拐杖锁"坚固,锁芯也设计得更加精密。

2. 可拆卸式方向盘

该种防盗器材在市场上较为少见,其整套配备包括底座、可拆式方向盘、专利锁帽盖。使用方式是先将方向盘取下,将专利锁帽盖套在转向轴上。即使小偷随便拿一个方向盘也无法安装在转向轴上。该类防盗锁的优点是不会破坏原车结构,故障率低,操作容易;缺点是装、卸方式繁锁,还需要找一个空间存放拆下的方向盘。

3. 离合刹车锁防盗

离合刹车锁是将汽车制动踏板或离合器踏板锁住并支撑固定,使其无法操控而防止车辆被盗。其优点是结构简单,不影响汽车的内饰和美观;缺点是夜间照明不良时,上锁很困难。

4. 车轮锁防盗

车轮锁是车体外用锁,它锁在车轮上,可以牢固地锁住汽车的轮胎,使车轮无法转动来防止汽车被盗。车轮锁一般锁在车辆左前轮上,比车内锁更具震慑力。但是车轮锁笨重、体积大,携带不方便。

5. 防盗磁片

防盗磁片的全称为汽车车锁防盗防撬磁片或汽车防盗磁片,是用物理方法堵住汽车钥匙孔,依靠防盗磁片的强磁力吸到汽车车锁锁眼中,盖住锁芯(严丝合缝)以达到汽车车锁防撬盗的保护装置。该装置应用在汽车锁孔锁芯的暴力防撬盗上,对使用暴力撬盗汽车车锁具有非常好的防护效果。

6. 排挡锁

排挡锁曾一度较为流行,因为此防盗系统既简便又坚固,采用特殊高硬度合金钢制造,防撬、防钻、防锯,且独特采用同材质镍银合金锁芯和钥匙,没有原配钥匙,难以打开,钥匙丢失后,可使用原厂电脑卡复制钥匙。

上述的机械式防盗装置结构比较简单,占用空间,不隐蔽,每次使用都要用钥匙开锁,比较麻烦,并且不太安全。因此,随着电子技术在汽车上的应用,电子式防盗装置应运而生。

二、芯片式

芯片式数码防盗器是汽车防盗器发展的重点，大多数汽车均采用这种防盗方式作为汽车标配防盗器。

芯片式防盗的基本原理是锁住汽车的发动机、电路和油路，在没有芯片钥匙的情况下无法起动车辆。数字化的密码不仅重码率极低，而且要用密码钥匙接触车上的密码锁才能开锁，杜绝了被扫描的可能。很多进口的高档汽车，国产汽车和新能源汽车都装有原厂的芯片防盗系统。

芯片式防盗已经发展到第四代，最新面世的第四代电子防盗芯片具有特殊的诊断功能，即已获授权者在读取钥匙保密信息时，能够得到该防盗系统的历史信息，系统中经授权的备用钥匙数目、时间印记以及其他背景信息，成为收发器安全性的组成部分。第四代电子防盗芯片除了比以往的电子防盗芯片更有效地起到防盗效果，还具有其他先进之处：独特的射频识别技术可以保证系统在任何情况下都能正确地识别驾驶员，在驾驶员接近或远离车辆时可以自动识别其身份，自动打开或关闭车锁。

三、电子式

所谓电子防盗，简而言之就是给车锁加上电子识别，开锁、配钥匙都需要输入十几位密码的汽车防盗方式。它一般使用遥控技术，是一种随着电子技术的发展而迅速发展起来的一种防盗方式。电子式防盗器有以下四大功能：

（1）防盗报警功能。这个功能是指在车主遥控锁门后，报警器即进入警戒状态，此时如果有人撬门或用钥匙开门，会立即引起防盗器鸣叫、报警，吓阻窃贼行窃，这也是电子防盗器最大的优点和争议之处，因为它发出的"哇……哇"声在震慑盗贼的同时，也存在着扰民的弊端。北京和深圳等城市已经对电子式防盗器中的一种俗称"哇哇叫"的防盗器亮了红牌。

（2）车门未关安全提示功能。行车前若车门未关妥，警示灯会连续闪烁数秒。汽车熄火遥控锁门后，若车门未关妥，车灯会不停闪烁，喇叭鸣叫，直至车门关好为止。

（3）寻车功能。车主用遥控器寻车时，喇叭断续鸣叫，同时伴有车灯闪烁提示。

（4）遥控中央门锁。当遥控器发射正确信号时，中央门锁自动开启或关闭。电子遥控防盗装置的遥控器、电子钥匙都有相对应的密码。遥控器发射部分采用微波/红外线系统。利用手持遥控器将密码信号发向停车位置，门锁系统接收开启信号，驾驶员进车后再将电子钥匙插入起动开关内，电子钥匙将内置密码发至控制电路中的接收线圈，产生电感耦合令电路和油路起动，使汽车得以运行。

电子防盗装置的两个最大的特点就在于它的密码解锁和报警声，其中密码解锁根据密码的发射方式的不同分为定码式和跳码式两种。定码式防盗器的特点是密码量少。电子防盗装置的工作原理主要是利用密码扫描器或解截码器,通过它们接收到的空间无线电信号截取主机密码,从而通过复制解除防盗系统。

四、网络式

　　GPS（全球定位系统）和很多高端技术的来历一样,GPS的"出身"也有着浓重的军事背景。20世纪70年代,美苏冷战时期,美国耗资130亿美元研制开发出来了GPS,最初应用于军事领域。1993年后,美国宣布GPS向全球免费开放使用,由于它先进的技术特点在很多方面和交通行业不谋而合,因此很快就被广泛地用于交通行业。

　　GPS的工作原理是,利用接收卫星发射信号与地面监控设备、GPS信号接收机组成全球定位系统,卫星星座连续不断地发送动态目标的三维位置、速度和时间信息,保证车辆在地球上的任何地点、任何时刻都至少能接收到卫星发出的信号。GPS主要靠锁定点火或起动来达到防盗的目的,同时还可通过GPS将报警处和报警车辆所在的位置无声地传送到报警中心。因此,只要每辆移动车辆上安装的车载GPS能正常地工作,再配上相应的信号传输链路（如GSM移动通信网络和电子地图）,建一个专门接收和处理各个移动目标发出的报警和位置信号的监控室,就可形成一个卫星定位的移动目标监控系统。

　　GPS卫星定位汽车防盗系统有以下五大功能：

　　（1）定位功能。监控中心在全国范围内可随时监控某辆车的运营状况,可以24小时不间断地检测目标车辆当前的运行位置、行驶速度和前行方向等数据。

　　（2）通信功能。GPS适应信息时代的需求,在行车中可以为车主提供GSM网络上的全国漫游服务,车主可以随时随地与外界和监控中心保持联络。在实际使用的过程中,对劫车者也具有震慑作用。另外,它的话费优惠和免提功能也更方便、更舒心。

　　（3）监控功能。如果万一不幸遇上劫匪,可以通过GPS系统配备的脚踏/手动报警、防盗报警等报警设施与监控中心取得联系。

　　（4）停驶功能。假若汽车丢失,可通过监控中心对它实行"远程控制"。监控中心在对失主所提供的信息和警情核实无误后,可以遥控该车辆,对其实行断油、断电,再配合附近警方将困在车里动弹不得的窃贼绳之以法。

　　（5）调度功能。在车辆日渐增多的大城市,遇上塞车怎么办?GPS同样可以帮忙。监控中心可以将当前的道路堵塞和交通信息广播,发布中文调度指令,提高客货运效率。

　　除了以上四大类防盗锁,还有生物识别防盗锁。该类型的防盗锁主要包括指纹锁、眼睛锁。

　　指纹锁是利用每个人不同的指纹图形特征制成的一种汽车门锁。制作时先在锁内安装车主的指纹图形,当车主开启车门时,只要将手指往门锁上一按,如果指纹图形相符,车门即开。

　　眼睛锁是利用视网膜图纹来控制的汽车门锁。这种锁内设有视网膜识别和记忆系统,车主开锁时只需凑近门锁看一眼,当视网膜图纹与记录相吻合时,车门会自动打开,但缺点是价格昂贵。一般使用这种防盗系统的都是中高档汽车，经济型汽车一般不需要安装这么高档的防盗系统。

6.2 汽车防盗系统的组成与工作原理

【学习目标】

防盗系统的组成和工作原理

知识目标

1. 知道汽车防盗系统的组成；
2. 知道迈腾B8无钥匙进入系统的组成与工作原理。

能力目标

1. 能找到迈腾B8无钥匙进入系统各组成部分的零件位置；
2. 会讲述迈腾B8无钥匙进入系统的工作原理。

素质目标

1. 树立安全第一的思想，注意个人安全、他人安全、设备安全；
2. 保持作业环境卫生，设备、设施干净整洁；
3. 能严格执行车间7S管理规范。

【知识链接】

一、汽车防盗系统的组成

汽车防盗系统由多个部分组成，包括警报器、传感器、控制单元和锁定系统等。这些组件共同工作，以确保汽车在被盗时能够自动触发警报，并防止车辆被盗。

警报器是汽车防盗系统的核心部分之一，它通过发出高分贝的声音来吸引周围人的注意，从而防止盗贼进一步实施汽车盗窃行为。传感器通常安装在汽车的门窗、引擎盖和后备箱等位置上，用于检测外部的触摸、震动和移动等情况，并向控制单元发送信号。

控制单元是汽车防盗系统的大脑，它接收传感器发送的信号，并根据事先设定的阈值来判断是否触发警报。如果触发了警报，控制单元将向警报器发送信号，使其发出声音。

此外，控制单元还可以与锁定系统配合使用，以防止盗贼通过破坏车门或引擎盖等方式进入汽车。

二、汽车防盗系统的工作原理

锁定系统通常包括门锁、引擎锁和方向盘锁等部分。当控制单元接收到传感器发出的信号后，它会向锁定系统发送指令，使其自动锁定汽车的所有门和引擎盖。此外，一些汽车防盗系统还会使用电子钥匙或密码等技术，保障汽车安全。

总的来说，汽车防盗系统是一个非常重要的安全装置，它可以防止盗贼进一步实施汽车盗窃行为，并保护车主的财产安全。随着技术的不断发展，汽车防盗系统也在不断升级，为汽车提供更加全面、高效和智能的保护。

三、迈腾B8无钥匙进入系统的组成与工作原理

1. 组成

迈腾B8防盗系统由车门外把手触摸传感器、天线、车门门锁、进入及起动系统接口J965，以及车门控制单元J386、J387、J388、J389等组成，如图6-1所示。

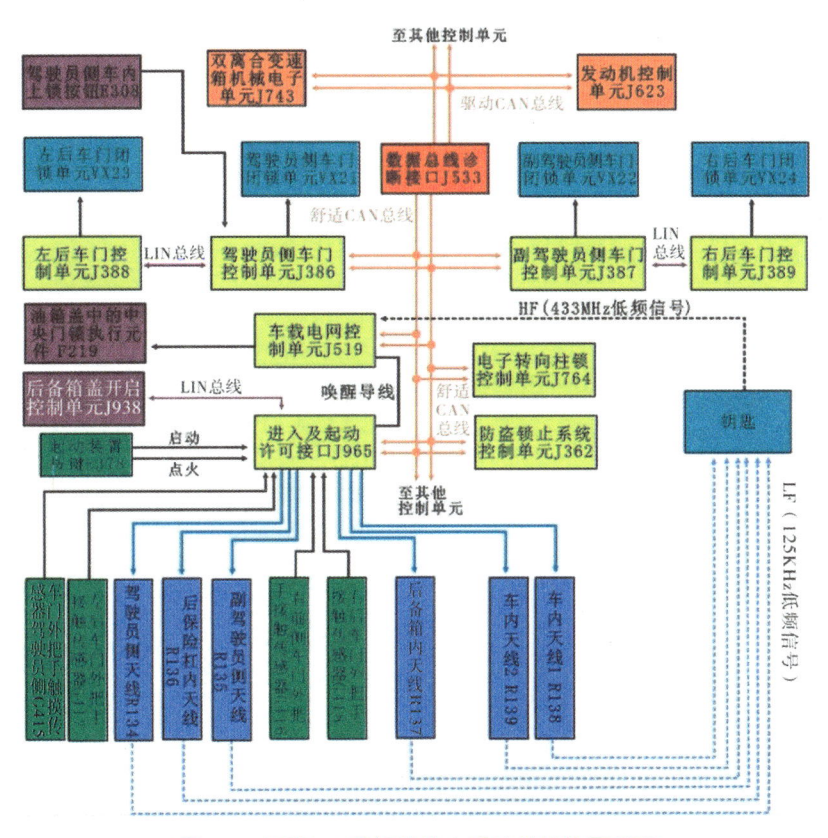

图6-1 迈腾B8无钥匙进入系统的结构原理图

2. 门锁控制方式

门锁的控制可分为车内控制和车外控制两种方式。车内控制可通过车门上锁按钮 E308 来执行，车外控制可以通过"无钥匙进入""遥控器"或"车门锁孔中控开关"来执行。

1）无钥匙进入控制门锁的开启与关闭；
2）遥控钥匙遥控门锁的开启与关闭；
3）左前车门（钥匙锁孔）中控开关控制门锁的开启与关闭；
4）驾驶员侧车门上的联锁按钮控制门锁的开启与关闭；
5）气囊控制单元在车辆发生碰撞时开启所有的门锁。

3. 无钥匙进入控制车门的开闭

从迈腾无钥匙进入系统的原理图中可以看出，触摸门把手触摸传感器G415至G418中的一个，该传感器唤醒J965；J965被唤醒后，一方面通过唤醒线唤醒J519，另一方面J965向该侧车门室外天线发送125kHz低频信号；已授权的钥匙被唤醒后指示灯会闪烁，验证ID码，若合法，则发出433MHz的高频信息，J519通过内置高频天线R47接收钥匙信息，验证钥匙ID码，若合法，则唤醒舒适CAN总线（注意，对钥匙身份的甄别和解锁均由J519完成，仪表板控制单元J285在此过程中没有作用），同时通过网关J533进一步唤醒动力CAN总线。

同时车辆还会有以下反应：

1）J519控制车辆四角的所有转向灯闪烁；
2）各车门控制模块接收到来自CAN总线的解锁信息，控制门锁电机、后视镜折叠电机（需要考虑车辆设置功能确定）、后视镜上的转向灯动作；
3）仪表板控制单元J285接收到来自CAN总线的信息，控制其自身上的转向灯闪烁两次；
4）发动机控制模块J623激活J271继电器约8秒；
5）车辆蜂鸣器会发出响声；
6）舒适CAN总线会通过J965点亮点火开关背景灯；通过J519、LIN、灯光旋钮开关点亮其背景灯；
7）驱动CAN总线上的J623激活J271继电器（持续约8秒），同时通过油泵控制信号线激活J538，控制油泵运转一段时间（取决于油压），实现预供油。

闭锁时，过程基本相似，只是车辆的表现略有不同。

6.3 汽车防盗系统的故障检修

【学习目标】

防盗系统故障检修或分析

✹ 知识目标

1. 知道汽车防盗系统故障产生的机理；
2. 知道汽车防盗系统故障的诊断方法。

✹ 能力目标

1. 会查阅维修手册和分析汽车防盗系统电路图；
2. 能正确地使用检测仪器仪表，并会分析检测结果；
3. 会书写诊断报告。

✹ 素质目标

1. 树立安全第一的思想，注意个人安全、他人安全、设备安全；
2. 保持作业环境卫生，设备、设施干净整洁；
3. 能严格执行车间7S管理规范。

【知识链接】

一、故障现象

一辆大众迈腾B8汽车出现故障，其现象为：

（1）所有车门无钥匙进入功能失效，车外警报灯及仪表警报指示灯不闪烁，后视镜不能打开，但操作时钥匙指示灯闪烁；使用钥匙能正常开锁（包括油箱盖和后备箱），车外警报灯及仪表警报指示灯正常闪烁，后视镜能打开；

（2）打开车门进入车内，钥匙指示灯闪烁，仪表显示车门状态正常，点火开关背景灯正常点亮，但（有时）会提示"未检测到钥匙""方向盘无法解锁"等信息；

（3）一键起动功能失效，仪表提示"未检测到钥匙"，但钥匙指示灯闪烁正常，方向盘同样无法解锁，发动机无法起动。使用应急方式可以起动发动机并可使方向盘解锁。

二、故障原因分析

无钥匙进入功能失效,说明车门外把手触摸传感器→J965(通过唤醒线及CAN)→J519(通过CAN)→门锁系统(包括后视镜、仪表等)、J965→室外天线→钥匙→J519工作异常;而使用无钥匙进入系统时钥匙指示灯闪烁,说明门把手触摸传感器→J965→天线→钥匙工作正常;

使用遥控钥匙车门能正常开锁,说明钥匙→J519(通过 CAN)→各车门门锁控制模块→门锁机构工作正常;而点火开关背景灯点亮正常,说明J519(通过CAN)→J965→E378工作正常。

所以无钥匙进入、方向盘无法解锁及一键起动失效的原因是,在进行操作时,J519没有被J965唤醒,所以没有对钥匙的信号作出反应,可能的原因有:

(1) J965自身故障;
(2) J965与J519之间的线路故障;
(3) J519自身故障。

三、诊断过程

第一步:使用D2时,按E378,读取故障码,进入J965后显示故障码:1069319,进入和起动系统控制单元的唤醒导线,断路/对地短路。根据故障码的定义,说明J965没有接收到来自J519的基准电压信号。

由于唤醒信号是由J519提供蓄电池电压,在无钥匙进入、开闭车门或起动时,J965瞬间拉低信号电压,所以可以从测量方便的角度选择测试点,相对来讲,J519更方便测量一些。迈腾B8防盗系统电路图如图6-2所示。

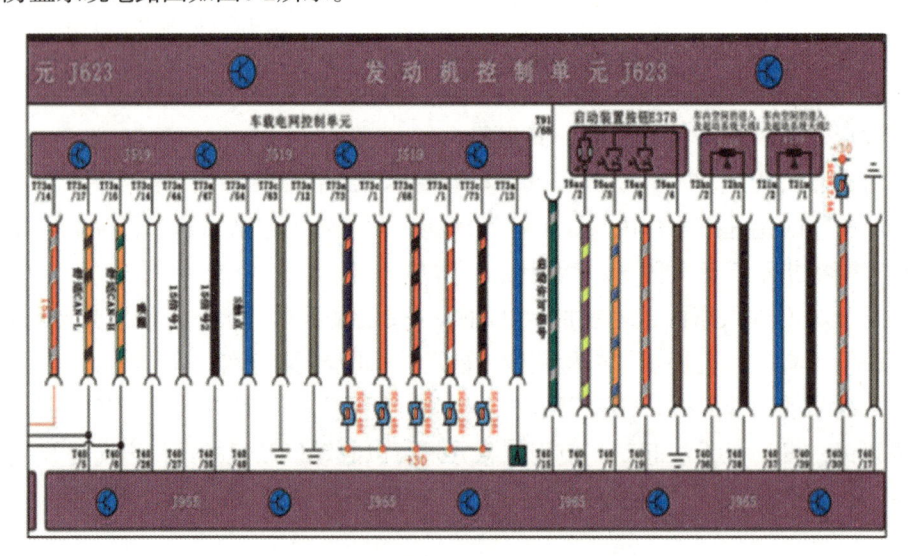

图6-2 迈腾B8防盗系统电路图

第二步：测量J519端的唤醒信号。

按下E378，用示波器测量J519的T73c/14对地电压波形，在正常情况下，该端子会在按下 E378后有两次短暂的+B→0V→+B的变化过程。

（1）如果该端子电压始终为0V，说明J519没有输出+B电压；

（2）如果该端子电压始终为+B，说明J519没有收到J965的唤醒信号。

实测结果为J519的T73c/14对地电压始终为+B，说明J519没有收到J965的唤醒信号。

第三步：测量J965端的唤醒信号输出。

按下E378，用示波器测量J965的T40/26端子对地电压波形，实测结果为该端子对地电压始终为 0V，测试结果异常。

根据电压差说明J519的T73c/14至J965的T40/26之间的线路断路，拔掉J965和J519电气连接器，用万用表测量导线电阻，发现电阻为无穷大。修复线路后，电路工作恢复正常。

四、机理分析

由于 J965 到 J519 之间的唤醒信号线路断路，导致 J519 不能接收到来自 J965 的唤醒信号，因此在操作门把手、打开和关闭车门、打开点火开关时，J519 均不能唤醒舒适 CAN 总线，导致无钥匙进入功能失效、方向盘无法解锁的故障现象，并产生相应的故障码。当用应急方式打开点火开关时，舒适CAN系统被 15#信号激活，仪表控制单元通过识读线圈检测钥匙ID，并通过舒适CAN总线传送给 J519，从而打开点火开关。

【实训操作】

一、实训准备

1. 工作场景：实训车间。
2. 操作器材：迈腾B8整车、维修手册、汽车诊断仪、示波器、万用表、工具车。

二、实训内容

1. 正确安装安全防护用具；
2. 正确查阅维修手册及电路图；
3. 在实训车辆上安全规范地进行检测诊断；
4. 排除车辆故障；
5. 书写实训报告。

【学习评价表】

评价内容	配分	序号	具体指标	分值	得分 自评	得分 组评	得分 师评
作业准备	15	1	正确地穿戴工作服、手套等安全防护用品	5			
		2	了解汽车防盗系统的工作原理	5			
		3	准备好所需的工具仪器并确保能正常使用	5			
工作安全	25	4	不违章作业	5			
		5	遵守作业程序	5			
		6	无人员受伤或设备损坏	5			
		7	遵守工作制度	5			
		8	发现问题及时报告	5			
工作过程	35	9	正确使用安全防护用具	5			
		10	能够规范正确地使用汽车诊断仪、示波器	5			
		11	会查阅维修手册和分析电路图	5			
		12	会分析检测结果	5			
		13	会书写诊断报告	15			
职业素养	25	14	遵守规章制度	5			
		15	作业规范	5			
		16	流程正确	5			
		17	结果分析正确	5			
		18	工作效率高	5			
综合得分				100			

项目七 自适应巡航控制系统的检修

【学习目标】

❈ 知识目标

1. 了解自适应巡航控制系统的功能；
2. 了解自适应巡航控制系统的特点、工作条件；
3. 了解自适应巡航控制系统校准。

❈ 能力目标

1. 掌握自适应巡航控制系统设定方法；
2. 掌握自适应巡航控制系统校准方法。

❈ 素质目标

1. 树立安全第一的思想，注意个人安全、他人安全、设备安全；
2. 保持作业环境卫生，设备、设施干净整洁；
3. 具有安全规范操作意识，遇事不慌，临危不惧，遵守各项实习安全规定。

自适应巡航控制系统

7.1 自适应巡航控制系统工作原理

一、功能与组成

自适应巡航控制系统（也叫主动巡航系统）是一种新开发的驾驶辅助系统，它与传统的车速控制系统相比，在功能上有很明显增强。因为减少了对油门踏板和制动踏板的操作，所以可明显提高驾驶舒适性。使用该系统可以使驾驶员严格遵守车速限制以及车距的相关规定，从而保证交通的畅通。

自适应巡航控制系统的基本功能是：保持驾驶员所选定的与前车的距离。因此，自适应巡航控制系统就是定速巡航系统的进一步发展。

工作过程概述：

多种车型的汽车上装有雷达传感器，用来测定与前车的车距和前车的车速。如果车距大于驾驶员设定的值，那么车就会加速，直至车速达到驾驶员设定的车速值。如果车距小于驾驶员设定的值，那么车就会减速，减速可通过降低输出功率、换挡或必要时施加制动来实现。出于舒适性的考虑，制动效果只能达到制动系统最大制动减速能力的25%。这个调节过程可以减轻驾驶员的劳累程度，因此可以间接提高行车安全性。在某些情况下，仍需要驾驶员来操纵制动器工作。

二、自适应巡航控制系统的局限性

自适应巡航控制系统是一个驾驶辅助系统，绝不可以将其看成安全系统，它也不是自动驾驶系统。

有自适应巡航控制系统的车辆的车速可达30~200km/h，不同车型的速度范围有所不同。

自适应巡航控制系统对固定不动的目标无法作出反应，如交通堵塞或前车抛锚时需要驾驶员踩下制动踏板。

雨水、浮沫以及雪泥水会影响雷达的工作效果。

当转弯半径很小时，因为雷达视野受到限制，所以会影响系统的功能。

三、自适应巡航控制系统工作的前提条件

自适应巡航控制系统工作时必须使用的信息：与前车的车距、前车的车速、前车的位置（如图7-1和图7-2所示）。

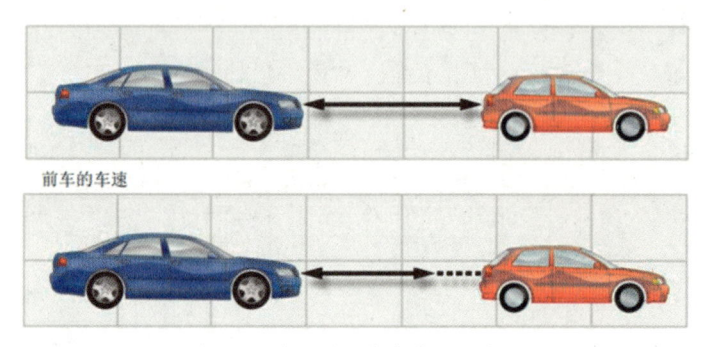

图 7-1 雷达测量前车车距和车速

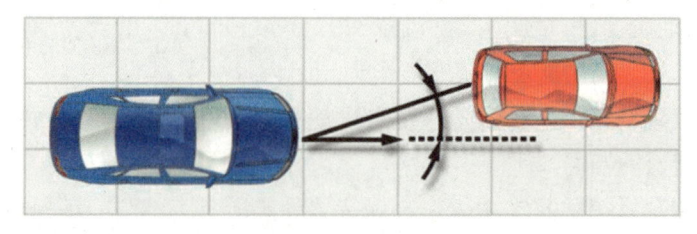

图 7-2 雷达测量前车角度（和位置）

如图7-3所示，雷达监测到两辆车后，雷达测量得到红色车辆离蓝车近，就会用红色车辆的车速和车距、位置信息作为自适应巡航控制系统的输入值。

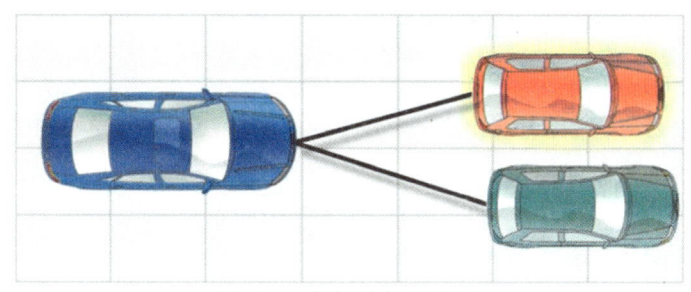

图 7-3　车辆选择示意图

四、以奥迪A8为例讲述自适应巡航控制系统的组成

奥迪A8的自适应巡航控制系统主要有转向角传感器、多点喷射控制单元、发动机ECU数据总线诊断接口、车距调节传感器、ABS液压单元、ESP控制单元，还有提供辅助信息的如供电控制单元J519、多媒体操纵单元、前部信息显示和操纵单元、自动变速器控制单元、起动和使用授权控制单元、车外温度传感器、摆动传感器、组合仪表内带显示屏的控制单元、转向柱电气控制单元、识别挂车单元、舒适系统中央控制单元等，如图7-4所示。

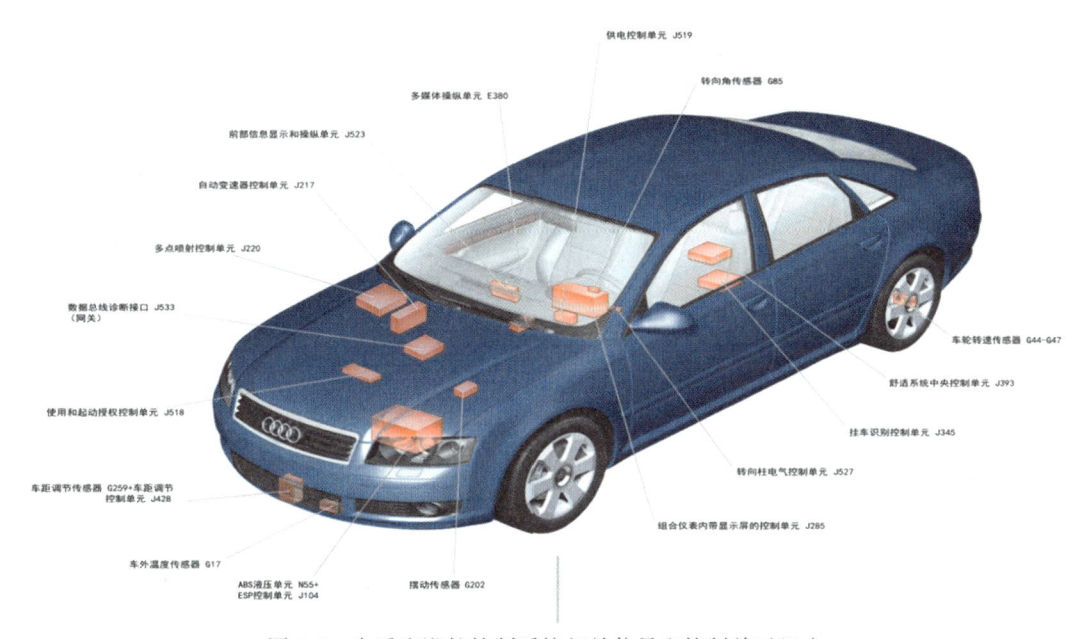

图 7-4　自适应巡航控制系统相关信号和控制单元组成

五、雷达技术的基本原理

雷达是（Radio detection and ranging，缩写为Radar）Radar的音译，它是一种利用电磁

波探测目标的电子设备。雷达被广泛应用于航天、航空、航海、通信和军事等领域。

汽车雷达的基本原理很简单，雷达发射电磁波/超声波对目标进行照射，物体表面会反射电磁波/超声波，反射回来的那部分电磁波/超声波就被当作一种"回波"而接收。

雷达传感器作用一：车距测量

原理：发射信号和接收到反射信号所需要的时间取决于物体之间的距离。雷达发出信号，再接收反射的信号，根据发出信号和接收信号时的时间差来计算距离。

如图7-5所示，（b）图中两车的距离是（a）图中两车距离的两倍，那么（b）图中的反射信号到达接收器所需的时间就是（a）图中的两倍。

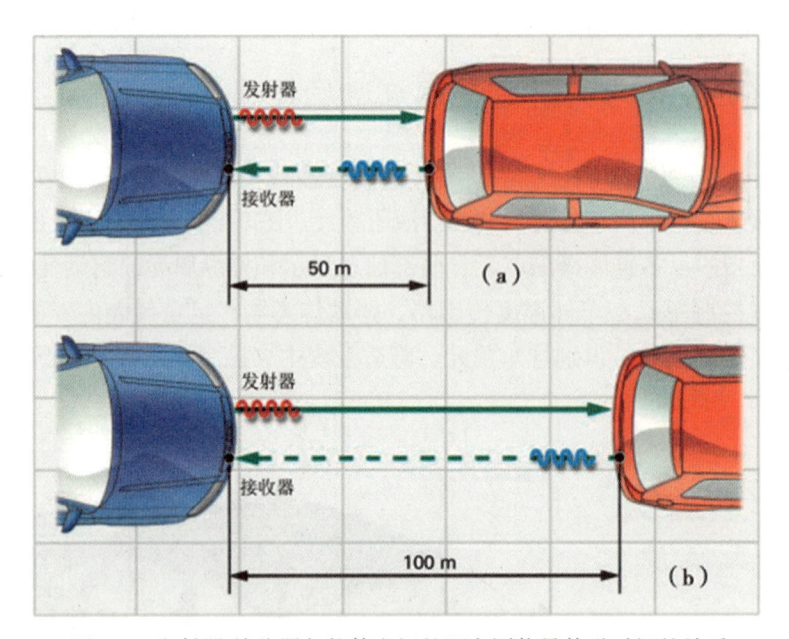

图 7-5 发射器/接收器与物体之间的距离同信号传递时间的关系

雷达传感器作用二：确定前车的车速

原理：要想确定前车的车速，需要应用一种物理效应，这种效应被称为"多普勒效应"。

对于反射发射波的物体来说，它相对于发射波的物体是处于静止状态还是运动状态，是有本质区别的。

如果发射波的物体与反射波的物体之间的距离减小了，那么反射波的频率就会提高；反之若距离增大，那么这个频率就降低。电子装置会分析这个频率变化，从而得出前车的车速。

在此，简单说一个"多普勒效应"的应用示例：

如图7-6所示，当消防车驶近时，其警报声听起来是一种持续的高音调（高频）。当消防车越走越远时，我们听到的音调就降低了（频率值逐渐变低）。

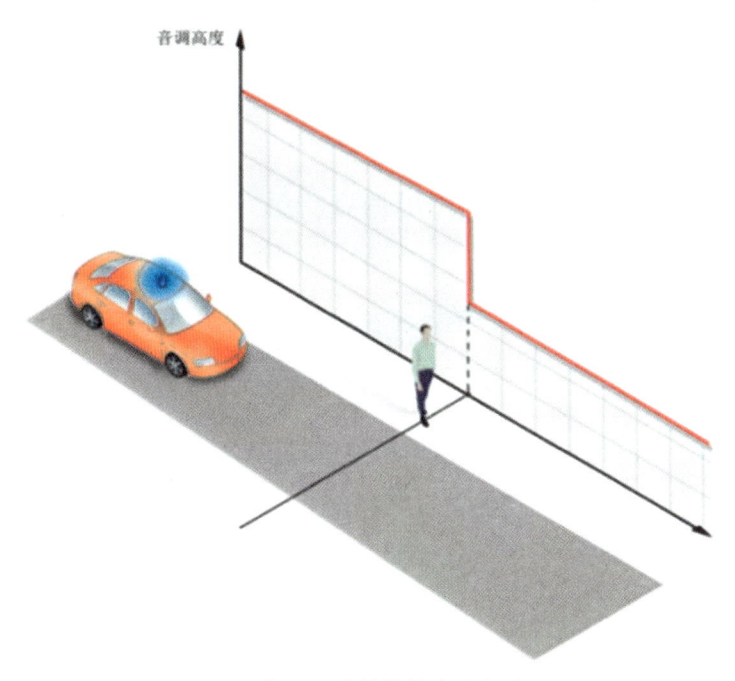

图 7-6 多普勒效应示意图

雷达传感器作用三：确定前车的位置

原理：如图7-7所示，雷达信号呈叶片状向外扩散，信号的强度随着与车上发射器的距离而在纵向和横向降低。

要想确定车辆位置，还需要一个信息：就是本车与前车相对运动的角度。

这个角度信息可以通过三束雷达信号获得，如图7-8所示。

各个雷达信号接收反射信号的振幅比（信号强度）可反映出这个角度信息。

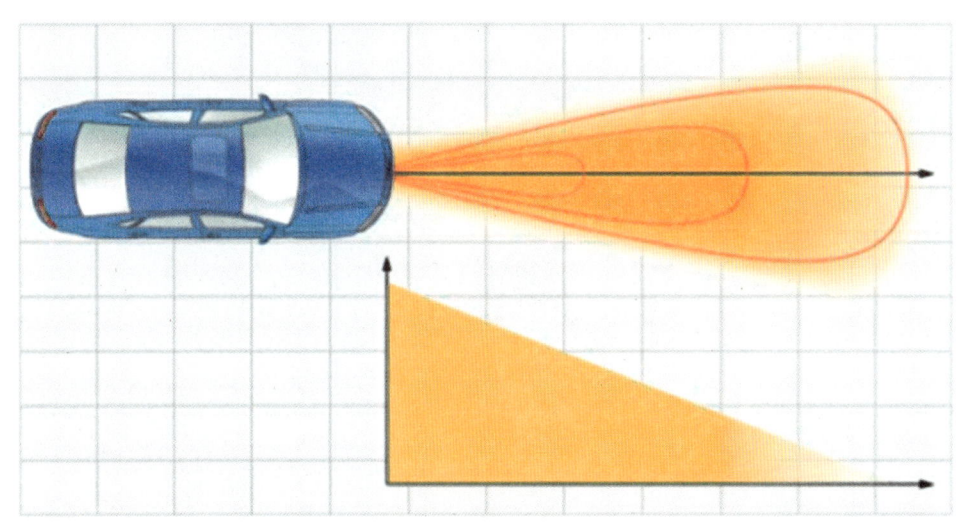

图 7-7 雷达信号示意图

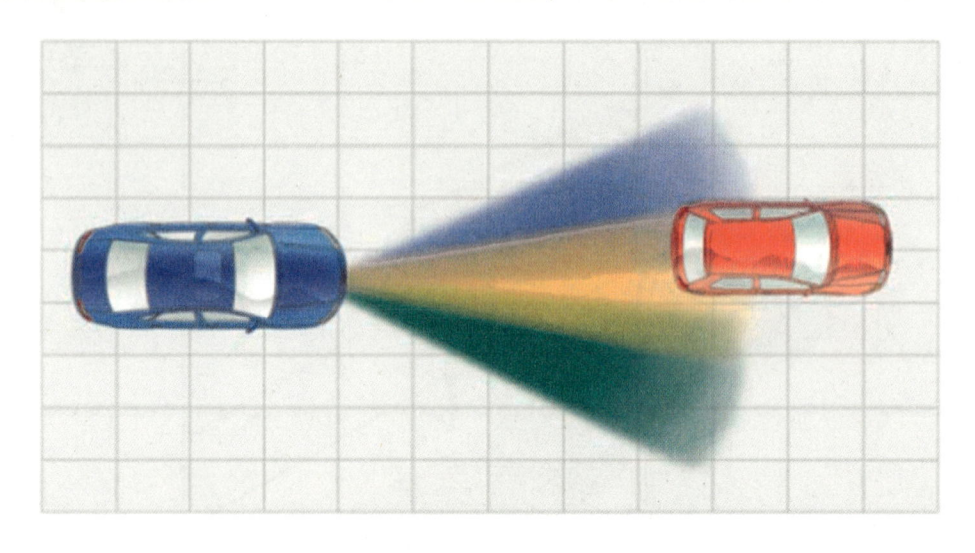

图 7-8　三束雷达示意图

雷达传感器作用四：确定针对哪辆车来进行调节

原理：在实际行车中（如在高速公路、多车道路面以及转弯时），在雷达的视野范围内一般会出现多辆车，这时就要识别哪一辆车与本车行驶在同一条车道。这就需要车距调节控制单元来确定车道，这个过程是相当复杂的，还需要其他信号（如附加输入信号）。这些信号中最重要的是摆动传感器信号、车轮转速传感器信号以及方向盘转角信号。对这些信号进行分析，就可获得车辆在公路上转弯时的信息。

图 7-9 中的这条"假想"车道是根据带有自适应巡航控制系统车的当前转弯半径 R 和特定的车道平均宽度 B 得出来的。

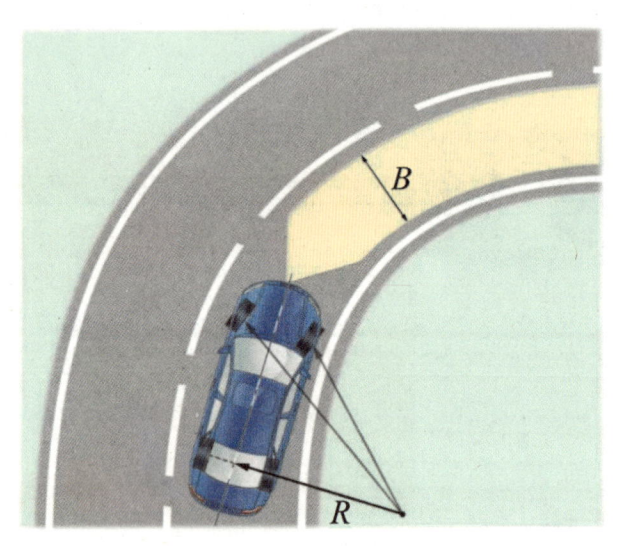

图 7-9　雷达车道示意图

7.2 自适应巡航控制系统

首先了解自适应巡航控制系统（ACC）的作用：通过发动机和制动干预帮助驾驶员保持车速以及与前车的距离。

自适应巡航操作按钮在多功能方向盘的左侧，如图7-10所示。可打开和关闭自适应巡航及设定速度。

自适应巡航控制系统

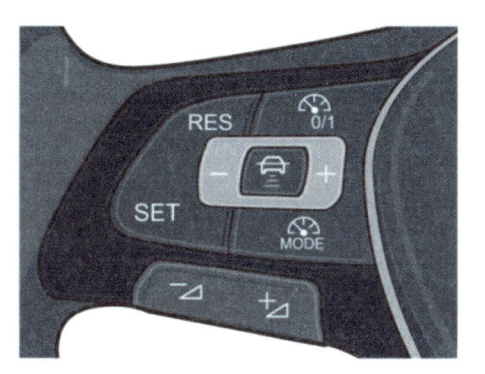

图 7-10　方向盘上的自适应巡航操作按钮

接下来看一下按钮的功能（如表7-1所示）：

表 7-1　ACC 系统功能键

功能键图标	含义
O/I	开始/中断/停止 ACC 系统
SET	速度设定按钮
（车辆图标）	车距设定按钮
RES	ACC 采用上次的设定
MODE	切换到定速巡航调节或车速限速器
+ -	行车速度或车距的增加或减小

驾驶员还可以通过信息娱乐系统显示屏上的菜单（如图7-11所示）来设置车速、车距。通过菜单选择设置，然后进入驾驶辅助系统设置，上面有自适应巡航（ACC）的选项，可以通过选项来选择车距和车速。

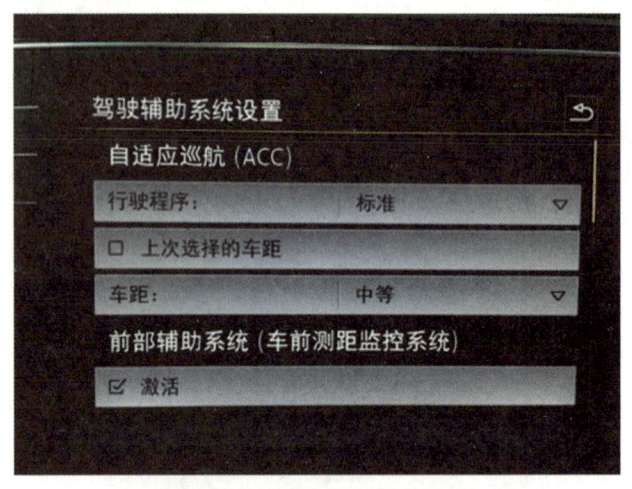

图7-11 自适应巡航设备界面

迈腾B8车内后视镜的安装点，同时安装了驾驶辅助系统的前部摄像头，该摄像头所使用的影像摄取传感器以黑白影像模式来获取车前路面的情况，其分辨率是640×480像素。影像摄取传感器前面有一个6mm焦距的镜头，该摄像头的最大视距为60m。环境不好或光线弱时可能会降低视距。

如图7-12所示，系统主要有带有雷达传感器的自动车距控制系统控制单元、前部摄像头、带自动巡航控制按钮的多功能方向盘、组合仪表的显示屏。

图7-12 自适应巡航控制系统部件

接下来介绍带有雷达传感器的自动车距控制系统控制单元，如图7-13所示，传感器和控制单元安装在同一个壳体内，如果传感器/控制单元有故障，常常需要更换整个总成。通过支架上的转接板来进行安装和调整，该支架用螺栓拧在保险杠支架的中央位置。

车距调节传感器发射出调频信号,然后接收反射回来的信号。车距调节控制单元J428处理这些雷达信号以及其他输入信号。从这些信号中就可确定雷达视野里出现的物体中哪一个是相关的前车(即本车按其调节车距的那台车)。

这样前车的位置、车速以及当前的车距就可确定了。从这些数据中可以得出应该如何来进行调节,以便控制车速。这些数据是经过CAN总线和数据总线诊断接口J533(网关)传送到驱动CAN总线上的。

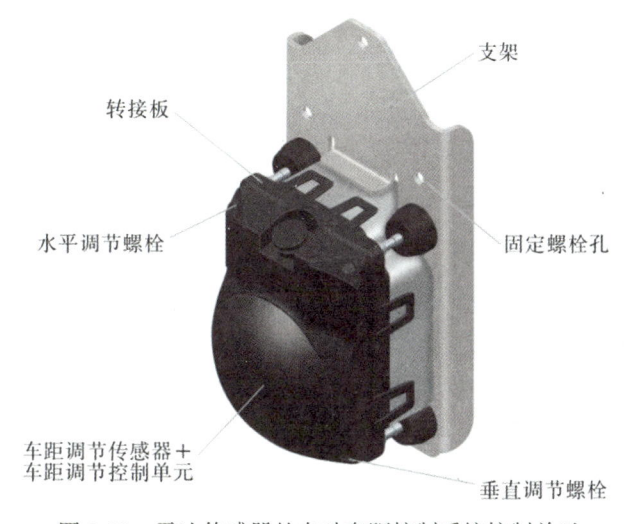

图7-13 雷达传感器的自动车距控制系统控制单元

如图7-14所示,保险杠装饰格栅内的车距调节传感器护盖是采用雷达信号可穿透的材料制成的。这个护盖是可加热式的,为了防止雪、冰等妨碍正常的功能。对车距调节传感器护盖表面所做的任何改动(如后喷的油漆、贴的不干胶标签及其他东西)都可能影响传感器的性能。

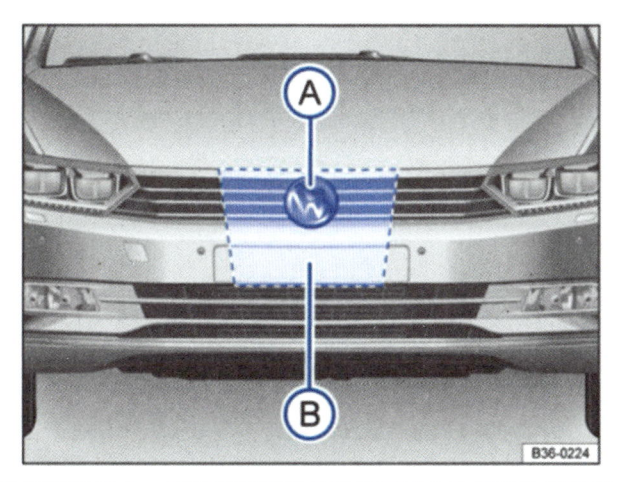

大众徽标后方散热器格栅中:雷达传感器信号发射区域Ⓐ和雷达传感器信号接收区域Ⓑ

图7-14 雷达传感器发射区与接收区

组合仪表显示屏也是自适应巡航控制系统的重要组成部分，通过显示屏上的信息，驾驶员可以及时掌握该系统的工作状况。如图7-15所示，下面对其数字代表的含义进行解释。

① 是未激活ACC控制功能时显示的前方车辆。
② 是未激活ACC功能时选定的距离与前方车辆的距离范围。
③ 是探测到前方车辆，此时ACC处于激活状态。
④ 是汽车以存储的巡航车速行驶时，调节距离前方车辆的时间间隔。
⑤ 是汽车以存储的巡航车速行驶时，与已经设定的距前方车辆的时间间隔。
⑥ 是识别到左侧车道上前方有车辆。

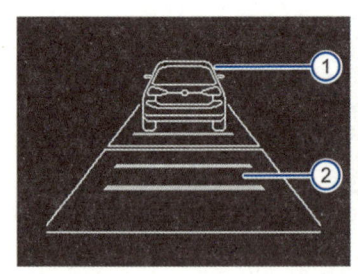

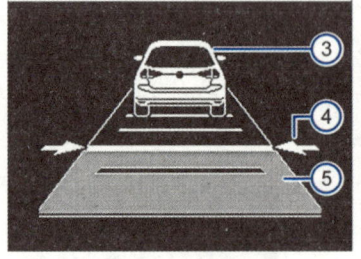

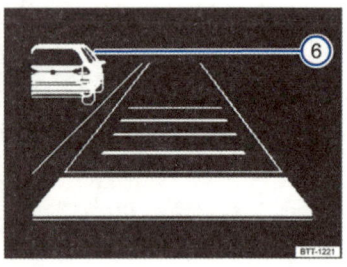

图 7-15 仪表显示自适应巡航工作状态

接下来说一下仪表盘显示的ACC系统报警/指示灯。

以大众车型为例，当红色带有刹车盘的灯 🚫 点亮时，表明可能是ACC降低汽车车速，但是仍不能与前方车辆保持足够的安全距离，需要驾驶员立即踩下制动踏板。这个时候系统提示驾驶员要主动操控汽车。

出现黄色的标志 ⚠ 代表ACC当前不可用，此时要关闭发动机。当汽车处于静止状态时再起动发动机，这个时候要下车检查雷达传感器是否有脏污或者是否结冰。如果系统经常出现这种情况，应尽快检修。

出现 🚗 时说明ACC处于激活状态，车辆前方未测到任何车辆，汽车可以按照设定的巡航车速恒速行驶。

当出现 🚗 图标显示白色的时候，ACC功能处于激活状态，前方探测到车辆，ACC调节车速及和前方车辆的距离。

当显示灰色的时候，说明ACC功能处于未激活状态，系统处于打开状态，但未进行任何调节。

绿色代表ACC功能处于激活状态。

接下来说一下ACC的系统功能：

1. 雷达传感器持续探测与前车的距离和车速；
2. 在信息娱乐系统中，可以设置ACC驾驶模式以及车辆起动后默认的跟车距离；
3. 车距控制装置控制单元J428向发动机控制单元发送调节要求车速和跟车距离所需的车辆加速额定值；
4. 发动机控制单元负责加速和制动之间的协调；

5. 如果安装了前部摄像头，则在 J428 中将摄像头的数据与雷达探测数据进行比较，综合判断车距等信息。

接下来说一下ACC的技术数据：

1. 车速0 km/h～160 km/h以及0 km/h～210 km/h；
2. 激活车速>30km/h；
3. 作用范围150m；
4. 中程雷达传感器的频率为77GHz。

自适应巡航控制系统是车道保持辅助系统、变道辅助系统、堵车辅助系统、预碰撞安全系统的基础，只有当ACC功能打开后，这几个驾驶辅助系统才能工作。

7.3 自适应巡航控制系统工作过程

ACC一共有以下四种不同的系统状态：自适应巡航控制系统关闭、自适应巡航控制系统已准备完毕、自适应巡航控制系统正在工作、超越自适应巡航控制系统。

自适应巡航控制系统关闭：这时系统已被关闭，无法进行任何操作。

自适应巡航控制系统已准备完毕：这个模式表示一种"待机"状态，这时该系统仍然处于接通状态，但并未真正进行调节，如果先前自适应巡航控制系统曾经工作过的话，那么所要求的车速会存入存储器。

自适应巡航控制系统正在工作：自适应巡航控制系统以设定好的车速行驶（在公路上）或调节与前车的车距。

超越自适应巡航控制系统：驾驶员踏下油门踏板使车速超过了自适应巡航控制系统设定的车速。

ACC系统的工作过程是"打开→开始调节→中断调节→重新开始调节→关闭"，也可以是"打开→开始调节→关闭"。

通过按钮来打开ACC系统，此时ACC尚未开始调节，在向前行驶期间按压"SET"按钮，ACC保存当前车速并保持所设定的车距行驶。如果当前车速在规定的车速范围之外，则ACC将调节最低车速（速度较慢时）或最高车速（速度较快时）。

根据不同的行驶状况，下列其中一个指示灯亮起：

仪表盘出现图标 ，表示ACC开始调节，此时尚未识别到前方车辆。仪表盘出现图标 表示ACC开始调节，已识别到前方车辆。

如果ACC不调节，则指示灯亮起灰色。

短促按压ACC系统按钮或踩下制动踏板。表明中断调节，此时符合行驶状态的指示灯亮灰色，车速和车距保持存储状态。

按压RES按钮。表明ACC系统重新开始调节，车辆重新激活存储的巡航车速，并以此车速控制汽车。若尚未存储车速，就以当前的车速为巡航车速。

长时间按压ACC按钮。表明要结束ACC系统，同时车辆将删除设定的车速。

接下来说一下该如何设置车距。车距分五挡，从最小到最大进行设置，分别是很短、短、中等长度、长、很长。需要注意的是，在潮湿路面上行驶时设定的巡航车距必须大于干燥路面。第一个方法是按压按钮，进入车距调节模式，按压+或者-的按钮来改变车距，或通过相应的按钮滑动调节。第二个方法是多次按压该按钮，直至调节到所需要的距离，此时组合仪表的显示屏上会显示设定的车距等级。第三个方法是在ACC系统打开的状态下，通过信息娱乐系统的辅助菜单中的设置选项，对巡航车距等级进行设置。选择车距时需注意：最小车距的设定要遵守交通规则对最小车距的规定。

在迈腾B8车辆上，如果您的车型具备了驾驶模式选择功能，可以选择驾驶模式，这样会对加速性能产生影响，还可通过中控台的信息娱乐系统选择标准/运动/经济。

使用ACC自适应巡航控制系统时一定要知道：ACC系统是智能技术，不可能违背物理学规律，并有其一定的系统局限性。若自适应巡航控制系统使用不当或疏忽大意，极易引发严重伤亡事故！故驾驶员仍须集中精力观察道路及交通状况，谨防引发事故。

（1）必须按能见度、天气状况、道路及交通状况调整车速及距前方车辆的距离。

（2）安全起见，在能见度差的情况下，或沿坡道及多弯路段，或在湿滑路面（例如，冰雪、潮湿或积水路段）上行驶时切勿使用ACC。

（3）在无路地区或土路上行驶时切勿使用ACC，只可在硬路面上使用ACC。

（4）ACC对抛锚车辆、因堵车等待的车辆，或在交通信号灯前等待的车辆等静止的障碍物可能无反应。

（5）ACC对横向穿越或在同一车道接近本车的人员、动物及车辆不会作出反应。

（6）如果ACC的制动功能不足以使汽车与前车保持合适的距离，驾驶员应按系统要求施加脚制动降低车速。

（7）系统要求驾驶员自行操控汽车后，如果汽车继续移动，则驾驶员必须踏制动踏板对汽车施加制动。

（8）如果组合仪表显示屏提示驾驶员自行操控汽车，则驾驶员必须自行调节与前车的距离。驾驶员务必随时准备通过加速或制动自行操控汽车。

在以下情况下性能受限：

（1）在关闭驱动防滑控制（ASR）时，自适应巡航（ACC）会同时自动关闭。

（2）在驶过拐弯车道、急弯、环岛、高速公路入口和出口以及在建筑工地上行驶时，以免意外加速到所存储的车速。

（3）在隧道行车时，可能影响系统的功能。

（4）在多车道路面上时，如果其他汽车在超车道上缓慢行驶。在这种情况下可能会靠右超过其他行车道上较慢的汽车。

（5）在强降雨、降雪或有强水花时，不能充分识别或可能根本不能识别前车。

发生下列情况时ACC可能无反应：

（1）驾驶员踩油门踏板时。

（2）未挂挡时。

（3）ESC正在进行调节时。

（4）驾驶员未系安全带。

（5）本车的制动灯发生故障时。

（6）倒车时。

（7）车速高于160km/h时。

如果车速高于前车，距前车越来越近，ACC的制动效应已不能确保安全，则可能与前车相撞！此时，驾驶员必须立即施加脚制动降低车速。

（1）ACC不可能准确识别任何行驶环境。

（2）切勿因疏忽将脚踩在油门踏板上，否则，ACC无法自动对汽车施加制动，因此时汽车只受控于驾驶员对油门踏板的操纵，系统不起作用。

（3）驾驶员应随时准备主动制动。

（4）必须严格遵守国家关于最小车距的规定。

使用时还需注意：

（1）关闭点火开关或ACC时，系统删除设定的巡航车速。

（2）关闭驱动防滑系统（ASR）时，ACC随之同时关闭。

（3）配备发动机自动起停系统的汽车，ACC停车期间发动机自动关闭，汽车起步行驶时发动机自动起动。

如果怀疑雷达传感器损坏，则必须关闭ACC，避免进一步损坏系统，应重新调校传感器。

激活自适应巡航控制系统后，系统自动对汽车施加制动时可能出现异常运转噪音，此属正常现象，噪音是由制动系统运转造成的，无须担心。

具有自动起停功能的汽车上，只要组合仪表显示屏上显示提示信息"ACC就绪"，则前车开始移动时,本车也会自动重新起步。ACC就绪信息可通过按压按键RES再次激活或延长，之后显示约3秒钟。

如果ACC就绪信息已隐去，则车辆不能自动起步，比如在激活发动机自动起停系统后。如果前车已经驶远，则可通过按压按键RES或短暂操作油门踏板来起步。之后自适应巡航控制系统（ACC）继续进行调节。

该情况取决于车型配置，自动起步功能并非所有车型均具备。

7.4 自适应巡航控制系统的不同

以大众迈腾B8和大众ID4为例讲述传统汽车与电动汽车ACC系统的区别和相同之处。

结构方面

（1）都有车距调节传感器（雷达）的车距调节控制单元；

（2）都有自适应巡航操作按钮；

（3）都有前方全景摄像头。

功能方面

（1）都有定速巡航的功能；

（2）ACC系统与堵车辅助系统、车道保持辅助系统或者半自动驾驶辅助系统（有该功能的话）结合使用。

（3）ACC操作按钮，只是按钮布置不一致，各按钮的功能相同。

大众迈腾B8 ACC系统工作方式

通过毫米雷达波和汽车前部摄像头感知路面状况（前车的距离及速度），计算出与前车的距离和相对速度，将该值发送到车距调节控制单元，车距调节控制单元将信息通过网关传递给发动机控制单元和制动控制单元（如ABS系统和ESP系统）进行车速调节。

大众ID4 ACC系统工作方式

通过毫米雷达波和汽车前部摄像头感知路面状况（前车的距离及速度），计算出与前车的距离和相对速度，将该值发送到车距调节控制单元，车距调节控制单元将信息通过网关传递给电机系统、动力系统和制动系统进行车速调节。

自适应巡航控制系统的不同

7.5 自适应巡航控制系统校准

一辆汽车前保险杠被撞，更换保险杠后发现汽车跑偏，自适应巡航报警灯有提示。出现这种情况，一般需要对自适应巡航控制系统的雷达传感器进行校准。

出现以下情况时应对自适应巡航控制单元（雷达）进行校准：

1. 雷达传感器（自适应巡航控制单元，如图7-16所示）更换或损坏；

自适应巡航系统校准

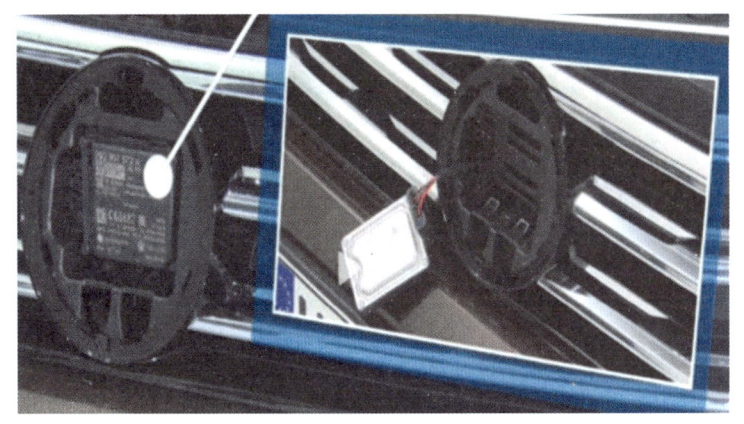

图 7-16　带雷达传感器的自适应巡航控制单元

2．引擎盖锁架（如图7-17所示）更换、拆卸或松动；

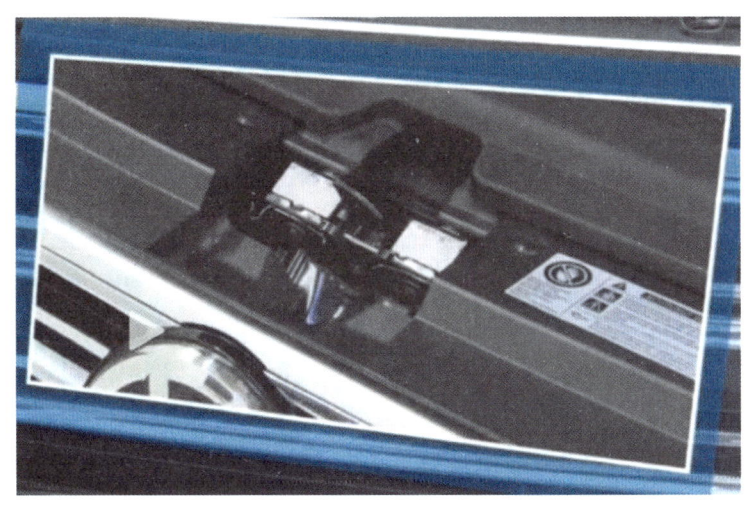

7-17　引擎盖锁架

3．已调整后桥前束；
4．对汽车的底盘进行改装，并因此改变了车身高度；
5．前保险杠更换，ACC自适应巡航控制系统报警或提示。

静态校准所需设备：

1．自适应巡航控制调校装置VAS 6430。
2．自适应巡航控制系统（ACC）反射镜，如图7-18所示。

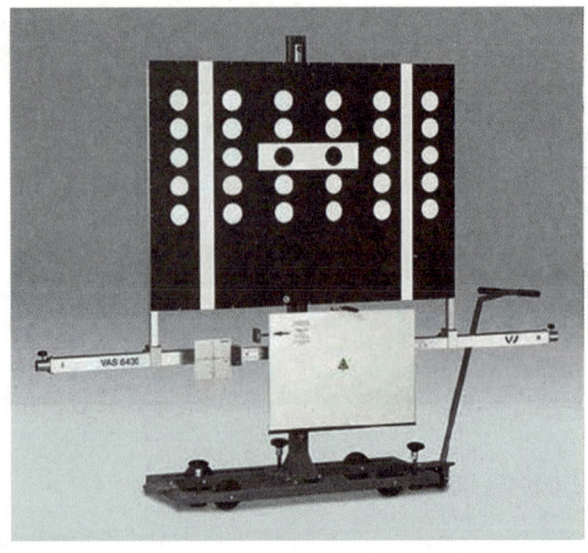

图 7-18　ACC 系统反射镜

校准前的准备工作：

1. 保证定位调校装置VAS 6430和传感器之间的距离（图7-19中a所示的测量距离）为20cm±2.5cm。

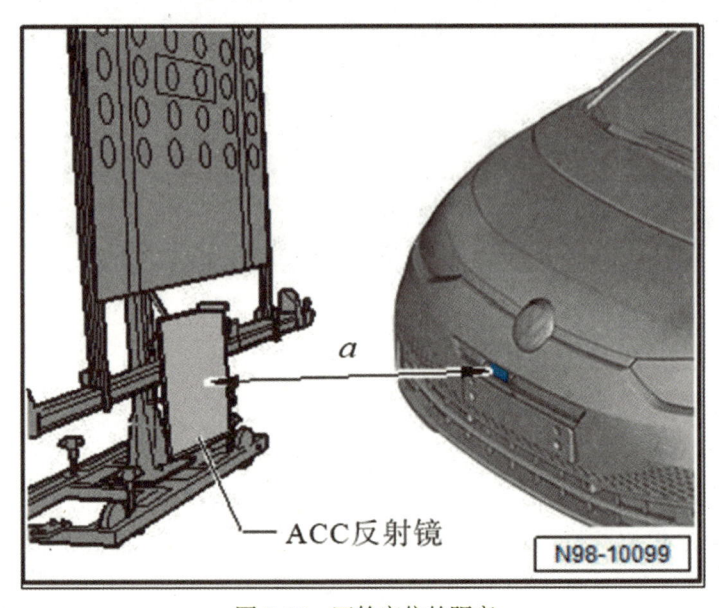

图 7-19　四轮定位的距离

2. 将前轮测量值接收器（R_1和R_2）装到调节梁上，如图7-20所示。

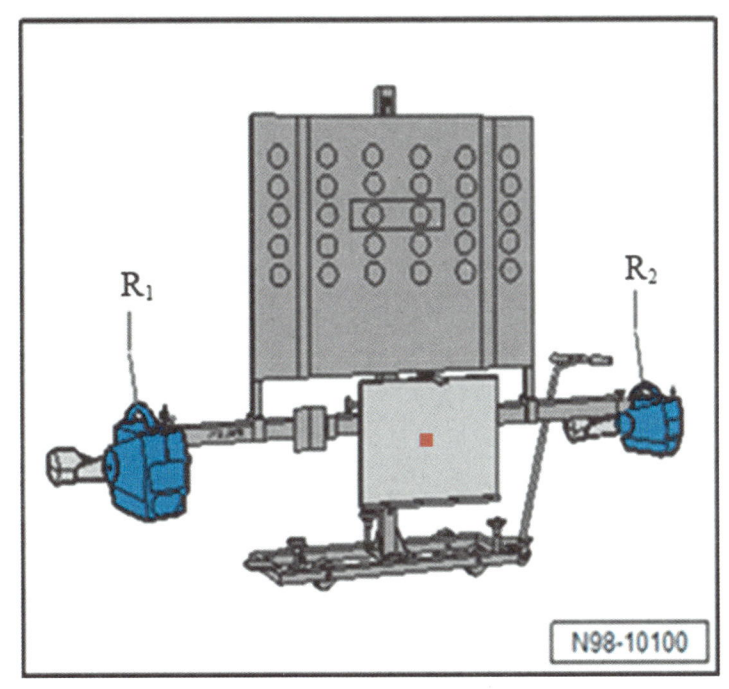

图 7-20　前轮测量值接收器

3．如图7-21所示，用摇杆（图中箭头处）调整镜子（数字5），以使激光束垂直地对准传感器透镜中心。

借助ACC系统反射镜和VAS 6430/10上的激光束检查水平仪是否在水平位置，以及激光束是否对准传感器透镜中心。

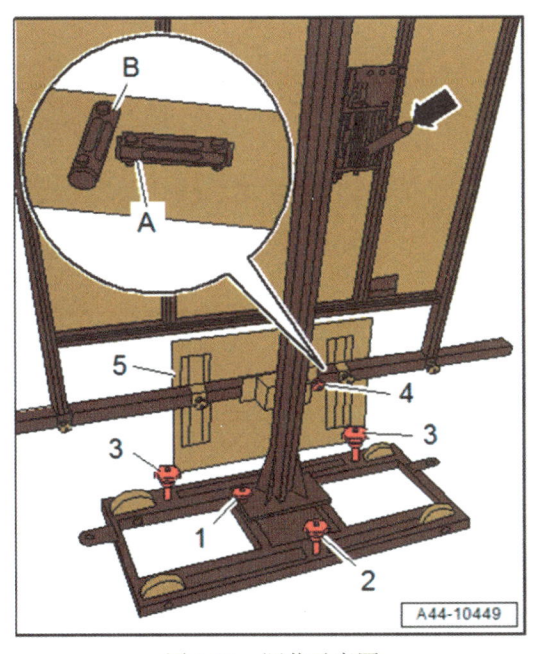

图 7-21　调节示意图

参照图7-21，对调节梁上的侧面后视镜进行调节，直至激光束对准控制单元（数字1）的中心位置。

【实操训练】

一、实施准备

工具设备：
实训车辆：
辅助资料：

二、收集信息

操作步骤：

三、任务实施

四、小结

【学习评价表】

评价内容	配分	序号	具体指标	分值	得分 自评	得分 组评	得分 师评
作业准备	15	1	正确穿戴工作服、安全鞋、手套等安全防护用品	5			
		2	了解发动机的型号、规格	5			
		3	准备好所需的工具仪器并确保工具仪器能正常使用	5			
工作安全	25	4	不违章作业	5			
		5	遵守作业程序	5			
		6	无人员受伤或设备损坏	5			
		7	遵守工作制度	5			
		8	发现问题及时报告	5			
工作过程	35	9	完成雷达校准准备工作流程	15			
		10	完成雷达校准操作流程	15			
		11	掌握操作过程中的注意事项	5			
职业素养	25	12	遵守规章制度	5			
		13	作业规范	5			
		14	流程正确	5			
		15	无违章操作	5			
		16	工作效率高	5			
综合得分				100			

项目八　安全气囊系统的检修

8.1　安全气囊的功用和分类

【学习目标】

安全气囊的功用和分类

知识目标

1. 知道安全气囊的功用和分类；
2. 了解智能型安全气囊新增的功能。

能力目标

1. 能够区分不同车型的安全气囊的类型；
2. 能够识别智能型安全气囊。

素质目标

培养团队的协作意识、创新意识。

为了在车辆发生碰撞事故时最大限度地保护驾乘人员，最大限度地降低撞车对驾乘人员的伤害程度，现代汽车广泛装备了辅助防护系统（Supplemental Restraint System，SRS），也称为辅助保护系统。因辅助防护系统（SRS）的核心保护部件是安全气囊，所以又将该系统称为安全气囊系统，它与座椅安全带配合使用，可以为乘员提供十分有效的防撞保护。那么安全气囊的分类有哪些呢？下面我们来学习安全气囊的功用及分类。

一、安全气囊的功用

安全气囊的功用是，当汽车发生碰撞时，能迅速在乘员和汽车内部结构之间打开一个充满气体的袋子，使乘员被包裹在气袋之中，避免或减缓身体部位碰撞硬物，从而达到保护乘员的目的。安全气囊保护功用示意图如图8-1所示。

图 8-1 安全气囊保护功用示意图

二、安全气囊的分类

1. 按照气囊的大小分类
（1）保护全身的超大型气囊。
（2）保护整个上身的大型气囊。
（3）主要保护面部的小型护面气囊。

2. 按照充气装置的点火系统分类
（1）机械式安全气囊。
（2）电子式安全气囊。

机械式安全气囊主要由传感器、气囊组件、气体发生器等组成。安全气囊工作由传感器直接引爆点火。机械式安全气囊的优点是结构简单；成本低，缺点是可靠性差、容易产生误动作。电子式安全气囊主要由传感器、气囊组件、气体发生器和电子控制单元（ECU）等组成。电子式安全气囊的组成如图8-2所示。

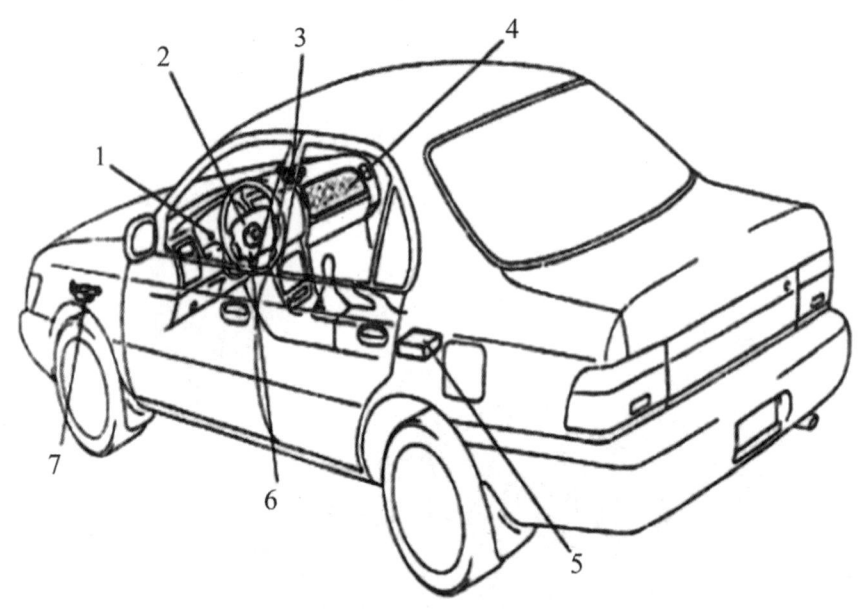

1—气囊报警灯　2—螺旋电缆（装于方向盘内）　3—前部碰撞传感器（右）
4—前排乘员安全气囊总成　5—中央气囊传感器总成及电控单元
6—方向盘（内置驾驶员安全气囊）　7—前部碰撞传感器（左）

图8-2　电子式安全气囊的组成

3. 按照保护对象的不同分类

（1）驾驶员防撞安全气囊。

（2）前排乘员防撞安全气囊。

（3）后排乘员正面防撞安全气囊。

（4）乘员侧面防撞安全气囊。

（5）安全气帘。

4. 其他分类

（1）驾驶员防撞安全气囊安装在方向盘上，分为美式和欧式两种。美式安全气囊考虑到驾驶员没有佩戴座椅安全带而汽车相撞时起保护作用，体积约为60L。欧式安全气囊是假定驾驶员佩戴座椅安全带而设计的，其体积小，约为40L。日本的安全气囊也属于此类。近年来，由于安全气囊的生产成本下降，日本防撞安全气囊规格有所增加，如本田汽车的驾驶员防撞安全气囊的体积为60L。

（2）前排乘员防撞安全气囊也比较大，美式的约为160L，欧式的约为75L。

（3）后排乘员防撞安全气囊安装在前排座椅上，防止后排乘员在撞车时受到伤害。

（4）乘员侧面防撞安全气囊安装在车门上，防止驾驶员及乘员的肩、臂、腰、臀受到侧面撞击。乘员侧面防撞安全气囊必须非常迅速地展开，通常在侧面碰撞发生后的10～20ms内展开。

（5）安全气帘安装在汽车车顶与车门的交接处，用于汽车在遭受横向撞击或翻车时保护乘员的头部、肩部不受伤害。

（6）为了克服普通安全气囊系统的不足，一些高端汽车装备了新一代智能型安全气囊。智能型安全气囊比一般安全气囊增加了以下6种功能：

① 检测乘员是否系上座椅安全带。

② 检测乘员乘坐位置。

③ 检测儿童座椅。

④ 检测安全气囊充气膨胀力。

⑤ 检测座椅上是否有乘员。

⑥ 检测气温。

除了上面这些，安全气囊的分类方法还有很多，有对乘员的膝盖进行保护的膝部安全气囊和对车外行人进行保护的行人安全气囊，如图8-3所示。还有一种特殊的安全气囊也被称为充气式安全带，其目的是增强对单独使用加高座椅或安全带的成人与儿童的保护。在碰撞中，肩带会膨胀，以较大的面积分散冲击力。

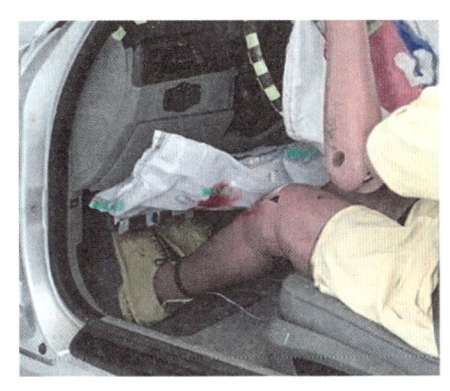

膝部安全气囊 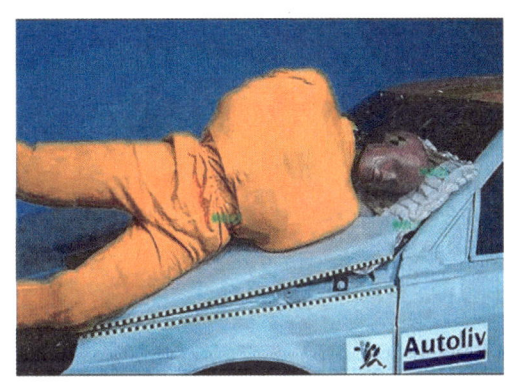　　　　　　　行人安全气囊

图 8-3　各种类型的安全气囊

8.2 安全气囊系统的组成和控制原理

【学习目标】

安全气囊的组成及控制原理

✼ **知识目标**

1. 知道安全气囊系统的组成；
2. 知道安全气囊系统的控制原理。

✼ **能力目标**

能够说出安全气囊系统的控制原理。

✼ **素质目标**

培养良好的职业素养和创新意识。

【知识链接】

安全气囊系统是一种被动安全性的保护系统，它与座椅安全带配合使用，可以为乘员提供有效的防撞保护。

一、安全气囊系统的组成

安全气囊系统由碰撞传感器、电子控制单元（ECU）、气囊组件（气囊、气体发生器）、安全气囊报警灯等组成。

安全气囊系统主要部件的功用：

（1）碰撞传感器：检测汽车碰撞强度的信号，并将信号输入ECU，安装于ECU内部的碰撞传感器叫作中央传感器。

（2）安全传感器：安全传感器也叫作保险传感器，防止安全气囊系统在非碰撞的情况下发生误引爆，安全传感器安装在ECU内部，通常有两个安全传感器。

（3）ECU：ECU是安全气囊系统的控制中心，监视车速变化，根据碰撞传感器的信号判断汽车是否发生了碰撞以及碰撞程度，在检测到足够的正面碰撞力时，使电流通过气囊，将其打开；对控制组件中关键部件的电路不断进行诊断测试，在检测到故障时，设置故障诊断码（DTC），记录发现的故障，并起动气囊指示灯，提醒驾驶员有故障；当事故导致正常电源不能使用时，提供展开气囊所需要的后备电源；显示用故障诊断仪检测的附加充气保护装置故障诊断码和系统状态信息。

ECU一般位于地板控制台总成的下部，ECU不能维修，气囊引爆或发生故障后必须更换；ECU包括专用中央处理器（CPU）、信号处理电路、备用电源电路和稳压保护电路。

（4）安全气囊报警灯：该指示灯安装在仪表板上，一旦气囊系统出现故障，则其会闪亮或者常亮，从而提醒驾驶员。其正常状态是，点火开关接通后，安全气囊系统进行自检，在自检期间，安全气囊报警灯闪烁或者常亮数秒后熄灭，说明气囊系统自检通过且无异常；如果汽车点火开关接通后安全气囊报警灯不亮、自检结束后仍然常亮或者闪烁、在汽车行驶中点亮或者闪烁，则说明气囊系统有故障，可能导致气囊应该展开时却不展开或者不应该展开时展开，此时必须进行维修。安全气囊报警灯标识如图8-4所示。

（5）气囊组件：气囊组件主要由气体发生器、点火器、气囊、饰盖和地板等组成，当ECU发出展开气囊信号时，气囊组件中的微型雷管引燃火药，产生高温，使气体发生器迅速生成大量的气体，经过滤后充入气囊，使气囊瞬间展开。气囊组件的例子如图8-5所示。

图8-4　安全气囊报警灯标识　　　　　　图8-5　气囊组件

二、安全气囊系统的控制原理

下面以迈腾B8安全气囊为例，介绍安全气囊系统的工作过程，如图8-6所示。

第1阶段（10ms）：汽车撞车，达到气囊系统引爆极限，传感器检测出碰撞，然后接通安全气囊系统的电流，引爆器点燃气体发生器，而此时驾驶员仍然处于直坐状态。

第2阶段（40ms）：气体发生器将气囊完全胀起，撞车后驾驶员的身体迅速向前移动，因为安全带斜系在驾驶员身上，随着驾驶员的前移，安全带被拉长，一部分撞车时产生的冲击能量被安全带吸收。

第3阶段（60ms）：汽车撞车之后，驾驶员的头部及身体上部都压向气囊，气囊后面的排气口允许气压在压力的作用下匀速地逸出。

第4阶段（110ms）：汽车撞车之后，驾驶员向后移回到座椅上，大部分气体已从气囊中逸出，前方又恢复了清晰的视野。

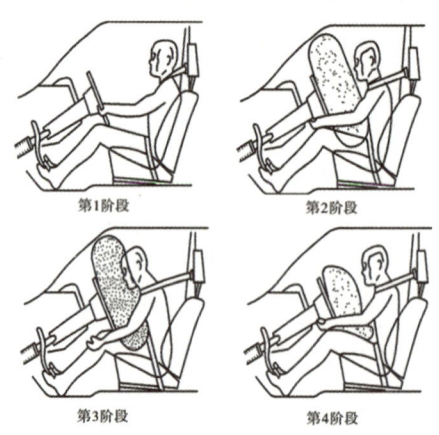

图 8-6 安全气囊系统的工作过程

接下来我们以大众迈腾B8为例,学习安全气囊系统的控制原理,如图8-7所示,从图中可以看到安全气囊系统有输入部分和输出部分,其工作又可以分为两个时间段,即车辆没有发生碰撞时和车辆发生碰撞时。

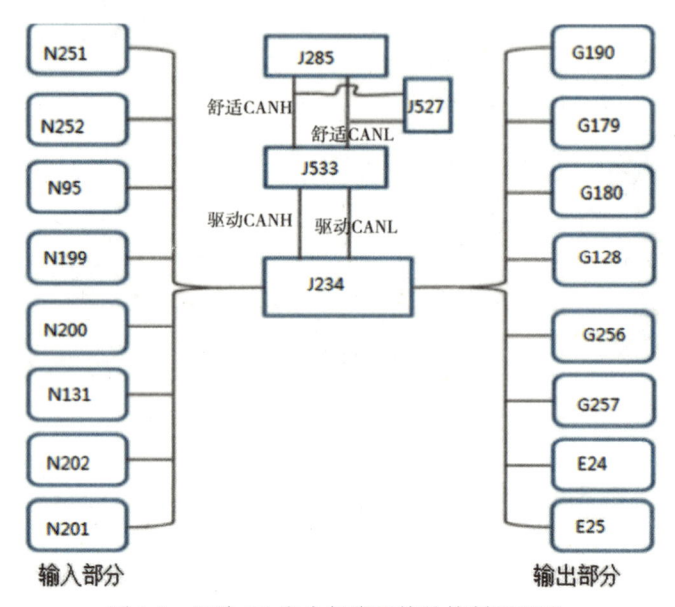

图 8-7 迈腾 B8 安全气囊系统的控制原理图

(1) 车辆没有发生碰撞时。

打开点火开关时,安全气囊系统会自动进行自检,此时仪表板上的安全气囊报警灯闪烁或者常亮,时间大约持续3s,自检完毕后,如果安全气囊系统没有故障,则其报警灯熄灭;在车辆行驶的过程中,安全气囊系统会持续地进行自我检查,一旦发现某个或者某些传感器(执行器)、线路有问题,则安全气囊电子控制单元(ECU,J234)会通过CAN总线将信号传递给仪表板控制单元(J285),此时会点亮仪表板上的安全气囊报警灯,提醒驾驶员车辆安全气囊系统存在问题,需要进行检修。

（2）车辆发生碰撞时。

当车辆在行驶过程中发生碰撞时（以正面碰撞为例），碰撞传感器会采集到碰撞的强度，并将此信号传递给安全气囊控制单元，控制单元通过分析判断此碰撞强度是否需要打开安全气囊，如果需要打开安全气囊，则控制单元还会采集安全带开关信号、副驾驶座椅占用信号等；如果采集到的安全带开关信号是"打开"信号，则即使碰撞强度达到安全气囊打开的强度，控制单元也不会发出信号给执行器让其打开安全气囊；如果采集到的安全带开关信号是"闭合"信号，碰撞传感器的信号也已经达到相应的碰撞强度，则控制单元会发指令给安全气囊引爆装置，引爆安全气囊使其正常打开。

8.3 安全气囊系统的拆装

【学习目标】

※ **知识目标**

知道安全气囊系统的拆装方法。

※ **能力目标**

1. 能够正确查阅维修手册；
2. 能够正确使用拆装工具。

※ **素质目标：**

1. 培养团队协作精神和创新意识；
2. 培养良好的职业规范和职业素养。

安全气囊系统是一种保护驾乘人员的安全性装置，当汽车发生碰撞时，安全气囊迅速膨胀，在驾驶员、乘员的正面（必要时还会驱动侧面安全气囊）形成一个或多个气垫，从而降低人体受伤害的程度。

一、安全气囊拆装的注意事项

1. 遵守燃爆式部件的安全使用规定；
2. 注意燃爆式部件的废弃处理规定；
3. 维修人员在处置燃爆式部件之前（例如，脱开电气连接）须释放自身静电；
4. 放置安全气囊时让减震垫朝上；

5. 必须在点火开关已打开的情况下才能连接蓄电池，如果对燃爆式部件（例如，安全气囊、安全带拉紧器）维修不正确，可能会导致在连接蓄电池后意外地触发这些部件，连接蓄电池时车内不允许有任何与维修无关的人或物品。

二、安全气囊的拆装

在拆装之前，我们先来认知一下迈腾B8安全气囊的布置。迈腾B8安全气囊系统组成如图8-8所示。从图中可以看出迈腾B8安全气囊系统由9个安全气囊、1个故障指示灯、2个控制单元和支架等组成。

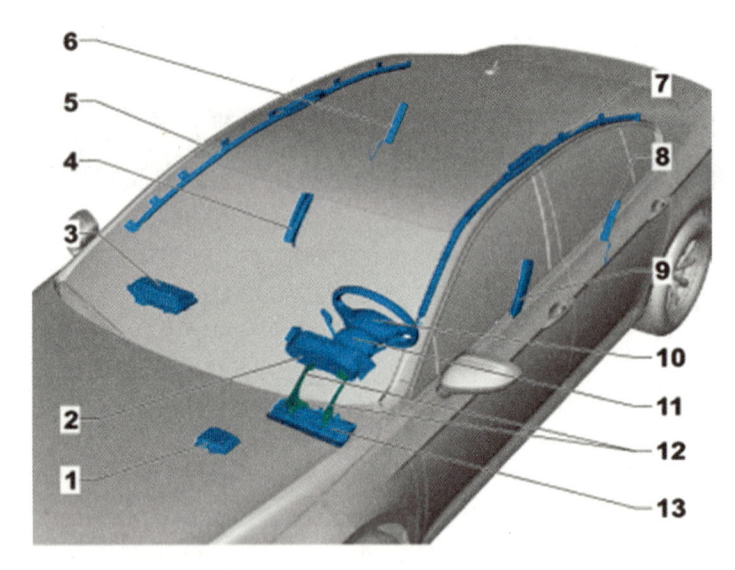

1—安全气囊控制单元　2—安全气囊指示灯　3—副驾驶员侧安全气囊
4—副驾驶员侧前部侧面安全气囊　5—副驾驶员侧头部安全气囊
6—副驾驶员侧后部侧面安全气囊　7—驾驶员侧头部安全气囊　8—驾驶·员侧后部侧面安全气囊
9—驾驶员侧前部侧面安全气囊　10—驾驶员侧安全气囊　11—转向柱电子装置控制单元
12—驾驶员侧膝部安全气囊支架　13—驾驶员侧膝部安全气囊

图 8-8　迈腾 B8 安全气囊系统组成

那么我们了解完迈腾B8安全气囊系统的组成后，接下来学习安全气囊的拆装流程：
（1）准备常用工具、车辆、维修手册、电路图；
（2）准备车内车外三件套、车轮挡块；
（3）拆卸安全气囊，步骤如下。

第一步，向后并向下打方向盘；
第二步，利用方向盘调节装置的整个调节范围，拆下转向柱上部的饰板；
第三步，转动方向盘，使方向盘背面的开口正好朝上（车轮打正），使用长约100mm的螺丝刀或类似工具，解锁驾驶员侧安全气囊的锁止箍（注意：不要使用一字螺丝刀，以避免损坏电导线）；

第四步，转动方向盘180度并在方向盘侧对面重复该操作，重新将方向盘置于中间位置（车轮打正）；

第五步，打开点火开关，断开蓄电池接地线；

第六步，将驾驶员侧安全气囊从方向盘上拉出一截；

第七步，拔出插头放松件并向下压，拔出电插头，拆下安全气囊。

（4）安全气囊的安装，步骤如下。

第一步，首先将拆卸下来的各种插头一直推入限位位置，直到能听到卡止声为止，注意不要夹到导线；

第二步，将线缆及插头压入方向盘上的袋中以便固定；

第三步，将驾驶员侧安全气囊置于方向盘中并用双手按压边缘，直到听到卡止声；

第四步，在点火开关已打开的情况下，连接蓄电池接地线；

第五步，最后，查询并删除安全气囊控制单元的故障存储器，因为脱开电插头可能会引起存储故障。

8.4　迈腾安全气囊指示灯常亮故障分析

在安全气囊运行的过程中，也会存在安全气囊指示灯点亮的情况，甚至会出现安全气囊不能正常工作的情形，为了在发生事故时使安全气囊能正常工作，为车内驾乘人员提供缓冲和保护，我们要及时对安全气囊系统故障进行检查与维修。

安全气囊指示灯点亮故障诊断

一、安全气囊的打开条件

安全气囊的打开条件主要跟碰撞时的车速、减速度、碰撞角度、碰撞物的形状和碰撞强度等多种因素有关。例如，在较低速度或者减速度较小的情况下不会打开安全气囊，碰撞柱状物体或者碰撞角度太大也不会轻易打开安全气囊。另外，如果在碰撞事故发生之前安全气囊系统已经出现故障（如气囊指示灯已经点亮），也会影响气囊的正常打开。

知道了安全气囊的打开条件，接下来我们针对安全气囊的故障灯点亮这一故障进行诊断与维修。

二、安全气囊的故障灯点亮检修

第一步，分析故障原因，从故障现象来看，安全气囊指示灯点亮说明跟安全气囊系统有关，因此分析后可能的原因有4种。

（1）线路脱落或者接触不良；

（2）安全气囊传感器故障；

（3）安全气囊本身故障；

（4）安全气囊电子控制单元故障。

那么如何排除这些故障呢？

对于线路脱落或者接触不良，逐一插紧即可；对于安全气囊故障，可检查气囊本身及线路；对于安全气囊控制单元故障，可检查线路及相应控制单元。

第二步，分析、诊断安全气囊故障指示灯点亮故障思路。具体操作步骤如下：

（1）连接故障诊断仪，读取安全气囊控制单元故障码。若有故障码则对其进行记录；若没有故障码，则检查安全气囊线束插头。

（2）正确查阅维修手册和分析电路图，找到安全气囊控制电路，检查相关电路是否正常。如果存在线路断路、短路、接插件虚接等故障时，则修复线路连接故障。如果存在安全气囊传感器本身有故障时，则更换气囊传感器。

（3）起动车辆并运行，观察仪表故障指示灯是否点亮，如果点亮，则继续进行检查。

（4）排除故障后恢复工位工具。

【学习评价表】

评价内容	配分	序号	具体指标	分值	得分 自评	组评	师评
作业准备	15	1	正确穿戴工作服、安全鞋、手套等安全防护用品	5			
		2	了解发动机型号、规格	5			
		3	准备好所需的工具仪器并确保工具仪器能正常使用	5			
工作安全	25	4	不违章作业	5			
		5	遵守作业程序	5			
		6	无人员受伤或设备损坏	5			
		7	遵守工作制度	5			
		8	发现问题及时报告	5			
工作过程	35	9	完成安全气囊的拆卸及检查、维修操作流程	20			
		10	完成安全气囊的安装操作流程	10			
		11	掌握操作过程中的注意事项	5			
职业素养	25	12	遵守规章制度	5			
		13	作业规范	5			
		14	流程正确	5			
		15	无违章操作	5			
		16	工作效率高	5			
综合得分				100			

项目九 信息和驾驶辅助系统

9.1 汽车语音控制系统

【学习目标】

汽车语音控制系统

1. 了解汽车语音控制系统的硬件设备、语音与指令处理方法及未来发展趋势;
2. 掌握汽车语音控制系统的相关知识。

一、硬件设备

为了实现对车辆的语音控制,合适的硬件设备是必不可少的。语音识别技术需要依赖优质的麦克风和音频处理器,以确保语音指令能够被准确识别和理解。同时,车辆内部还需要配备高清晰度的显示屏幕和音响系统,以便在语音交互的过程中提供反馈、信息显示和音频输出。

目前,一些汽车制造商已经在车辆中运用了语音控制系统。例如,特斯拉的车载语音助手能够通过AI技术提供精准的语音交互识别并执行驾驶指令。借助先进的硬件设备和语音处理技术,使车辆的语音控制更加准确、便捷。

二、语音与指令处理

车辆的语音控制需要经过复杂的语音识别与指令处理过程。首先,车载语音助手通过麦克风接收驾驶员的语音指令。然后,声音信号被送入音频处理器,进行去噪和音量调整等预处理操作。

接下来,语音指令被转化为文本指令。这一过程需要依赖语音识别技术,通过将声音信号与语音模型进行匹配,转化为可识别的文本指令。现在,深度学习等人工智能技术在语音识别领域得到了广泛应用,能够提供更为准确的识别效果。

最后,车辆根据转化后的文本指令进行相应的操作。例如,驾驶员可以通过语音指令告诉车辆目的地，智能导航系统会根据目的地的文本信息，规划最佳的行驶路线并提供导航指示。而且驾驶员可以通过语音指令调整车辆的音量、开启空调等功能。

三、未来发展趋势

随着语音识别和处理技术的进一步发展，智能车辆的语音控制方法也将不断完善。首先，语音识别技术将更加准确和智能化。通过引入更为先进的深度学习和自然语言处理技术，智能车辆将能够更好地理解驾驶员的语音指令，避免误解或错误执行。

其次，智能车辆的语音控制将与其他智能设备实现更紧密的互联。未来，驾驶员可以通过语音指令控制车辆，同时与其他智能设备进行交互。例如，与智能手机、智能家居系统联动，通过语音指令打开家门、调整温度等。

此外，随着自然语言处理技术的不断发展，智能车辆将能够与驾驶员进行更自然、交流式的对话。通过识别和理解驾驶员的日常口语表达，车辆将能够更好地为驾驶员提供更好的个性化服务，满足其特定需求。

综上所述，车辆的语音控制方法在现代交通领域具有重要的价值和意义。通过合适的硬件设备和精准的语音与指令处理，车辆能够实现更安全、更便捷的交互方式。未来汽车的发展趋势包括语音识别技术的进一步提升、与其他智能设备的互联和更自然的交流方式。相信随着科技的不断进步，车辆的语音控制功能将为驾驶员带来更为智能化和便捷的出行体验。

9.2 汽车音响系统

【学习目标】

汽车音响系统

1. 了解汽车音响系统的作用及组成；
2. 了解扬声器的组成及工作原理；
3. 掌握汽车音响系统的相关知识。

一、汽车音响系统的作用及组成

汽车音响是为了减轻驾驶员和乘员旅行中的枯燥感而设置的音频处理系统。最早使用的是汽车调幅收音机，后来是调幅调频收音机、磁带放音机，再发展至CD放音机和兼容DCC、DAT数码音响。现在汽车音响在音色、操作和防振等各方面均达到了较高的标准，能应对汽车在崎岖的道路上颠簸，保证性能的稳定和音质的高保真性。

音响系统之所以可以称为音响，最基本的条件就是有播放声音的功能，汽车音响也不例外，汽车音响主要包括主机、扬声器、功放三部分。主机是汽车音响中最重要的组成部分，就好像人的大脑，要发出什么样的声音，要由大脑来控制。流行的主机有带广播接收功能的RADIO主机、RADIO加MP3主机、CD主机、MP3加CD碟盒、CD加导航主机和CD/DVD/车载MP5主机，MP5主机已替代一般的车载CD音响系统，大容量硬盘已取代传统的碟片。车载MP5已成为主流产品。

二、汽车音响系统中扬声器的组成及工作原理

锥形纸盆扬声器大体由磁回路系统（永磁体、芯柱、导磁板）、振动系统（纸盆、音圈）和支撑辅助系统（定心支片、盆架、垫边）等几大部分构成。下面对其部分结构进行简单介绍。

1. 音圈：音圈是锥形纸盆扬声器的驱动单元，它是用很细的铜导线分两层绕在纸管上，一般绕有几十圈，又称线圈，放置于导磁芯柱与导磁板构成的磁隙中。音圈与纸盆固定在一起，当声音信号以电流的形式通入音圈后，音圈振动带动着纸盆振动。

2. 纸盆：锥形纸盆扬声器的锥形振膜所用的材料有很多种类，一般有天然纤维和人造纤维两大类。天然纤维常采用棉、木材、羊毛、绢丝等，人造纤维则采用人造丝、尼龙、玻璃纤维等。由于纸盆是扬声器的声音辐射器件，在相当大的程度上决定着扬声器的放音的音质，所以无论哪一种材质的纸盆，在要求上既要质轻又要刚性良好，不能因环境温度、湿度变化而变形。

3. 折环：折环是为保证纸盆沿扬声器的轴向运动、限制横向运动而设置的，同时起到阻挡纸盆前后空气流通的作用。折环的材料除常用纸盆的材料外，还利用塑料、天然橡胶等，经过热压粘接在纸盆上。

4. 定心支片：定心支片用于支持音圈和纸盆的结合部位，保证其垂直而不歪斜。定心支片上有许多同心圆环，使音圈在磁隙中能自由地上下移动而不作横向移动，保证音圈不与导磁板相碰。定心支片上的防尘罩是为了防止外部灰尘等落入磁隙，避免造成灰尘与音圈摩擦而使扬声器产生异常声音。

一般扬声器是由磁铁、框架、定心支片、音圈、折环、锥形纸盆组成的，如图9-1所示。

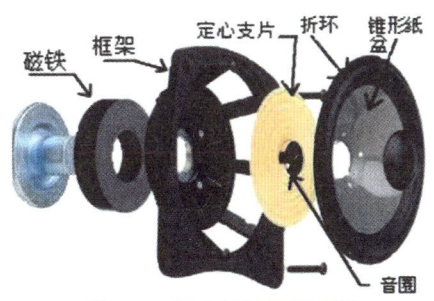

图9-1 扬声器结构示意图

电动式扬声器又称为动圈式扬声器，其工作原理符合法拉第磁电效应原理，当载流导体通过磁场时，会受到一个电动力，其方向符合弗莱明左手定则，力与电流、磁场的方向互相垂直，受力大小与电流、导线长度、磁通密度成正比。当音圈输入交变音频电流时，音圈受到一个交变推动力而产生交变运动，带动纸盆振动，连续推动空气而发声。

其他扬声器的工作原理如下。

（1）磁式扬声器：亦称"舌簧扬声器"。

（2）静电扬声器：它是利用加到电容器极板上的静电力而工作的扬声器，就其结构看，因正负极相向而成电容器状，所以又称为电容扬声器。

（3）压电扬声器：利用压电材料的逆压电效应而工作的扬声器称为压电扬声器。

（4）火焰扬声器：当空气和煤气混合后燃烧的火焰通过电极时，电极加有直流电压和高频信号，火焰受音频信号调制而发声。

（5）离子扬声器：把游离化的空气利用音频电压振动，则产生声波。

9.3　汽车倒车雷达系统

【学习目标】

汽车倒车雷达系统

1. 了解倒车雷达的组成、安装位置；
2. 了解倒车雷达的工作原理；
3. 掌握倒车雷达的注意事项；
4. 掌握倒车雷达的相关知识。

一、倒车雷达的组成和安装位置

1. 组成

倒车雷达由倒车雷达传感器（俗称雷达探头）、显示器（一般在仪表台屏幕中显示）、蜂鸣器等组成，如图9-2所示。倒车雷达一般采用超声波测距原理，在控制器的控制下由传感器发射超声波信号，当遇到障碍物时，产生回波信号，传感器接收到回波信号后经控制器进行数据处理，判断出障碍物的位置，由显示器显示与障碍物的距离并发出其他警示信号，从而达到辅助驾驶员驾驶的目的。

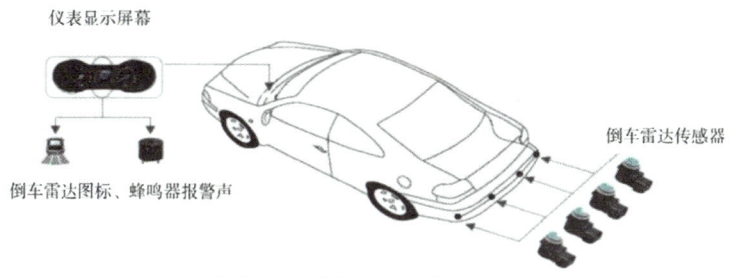

图 9-2　倒车雷达系统配置图

2. 安装位置

倒车雷达的蜂鸣器通常安装在仪表板横梁的上部，靠近驾驶员侧，由螺栓固定，还有的安装在组合仪表内部。

倒车雷达传感器安装在后保险杠上，包括左侧、左中、右中、右侧传感器，由外向内嵌入式安装，如图9-3所示。各传感器的安装位置都有严格的定义，不能装错，否则会引起误报警。

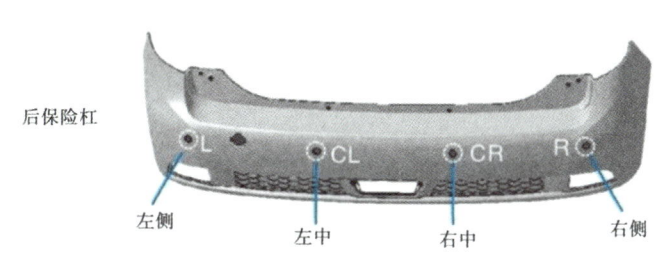

图 9-3　倒车雷达传感器安装位置图

二、倒车雷达的工作原理

倒车雷达系统就是利用超声波信号，经倒车雷达电子控制单元（ECU）内的微电脑控制，再从探头的发射与接收信号过程中，比对信号折返时间而计算出车辆与障碍物的距离，然后由报警器发出不同的报警声。与障碍物的距离=发射与接收信号的时间差×声速/2。

当车辆挂倒车挡时，ECU使用超声波传感器监控后保险杠周围的区域，如果在监控区域内检测到物体，仪表组件内的声音报警装置就会发出声音警告。系统既能探测到比较坚硬的固体障碍物，同时也能探测到铁丝网和栅栏之类的物体。

侧面两个传感器的检测范围是距离保险杠拐角处约60cm的区域，如图9-4所示。

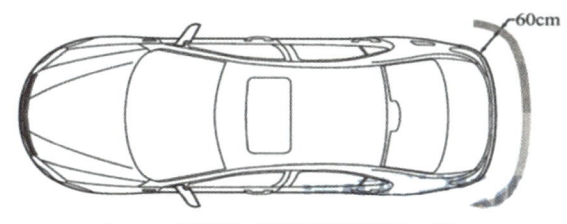

图 9-4　侧面传感器检测范围示意图

— 163 —

当障碍物接近车辆后侧区域时，从车辆侧后方150cm开始可能给出声音提示，如图9-5所示。

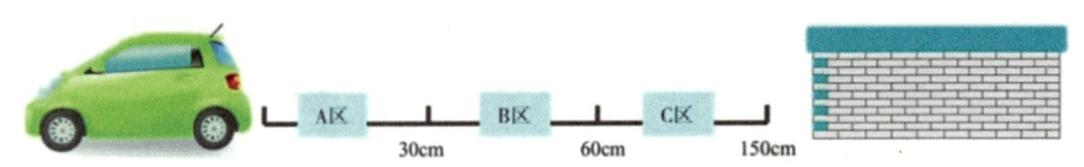

A区：蜂鸣器报警声音为长鸣，车后部探头与障碍物的距离为10～30cm
B区：报警声音为频率8Hz的连续音，车后部探头与障碍物的距离为30～60rm
C区：报警声音为频率4Hz的间歇音，车后部探头与障碍物的距离为60～150cm

图9-5 后侧距离警示示意图

当探测到的距离在侧部小于20cm，或在中部正后方小于30cm时，声音信号将变为持续长鸣以避免碰撞保险杠。

三、倒车雷达的注意事项

是不是有了倒车雷达，倒车入库就可以万事大吉呢？其实不然，倒车雷达只是倒车辅助系统，良好的驾车习惯是安全驾驶的重要因素，倒车入库关系到个人、车辆周边物品与设施的安全，应灵活观察车辆周边动静，并结合内外倒车观察后视镜、倒车雷达、倒车影像系统等泊车辅助系统，安全入库，下面就倒车雷达系统的日常应用进行总结。

常见的错误倾向、习惯：
- 过分依赖倒车雷达，只听障碍物报警信号。
- 不看倒车镜、反光镜。
- 不用眼睛实际观察车辆周边。

高速度倒车入库，倒车雷达可能探测不到障碍物（倒车雷达不报警或来不及报警的情形），如图9-6至图9-8所示：

（1）倒车雷达系统传感器无法探测铁丝、缆绳等网状物体。

（2）倒车雷达系统传感器无法探测岩石、木块、石块、沟坎等低矮的物体或地面状态。

图9-6 倒车雷达传感器检测盲点1、2

（3）倒车雷达系统传感器无法探测底盘较高的车辆。

（4）倒车雷达系统传感器无法探测松软的雪、棉、海绵等容易吸收超声波的物体。

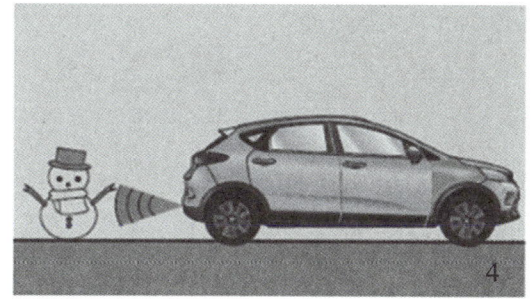

图 9-7 倒车雷达传感器检测盲点 3、4

（5）倒车雷达系统传感器可能无法探测到某些形状特殊的障碍物。

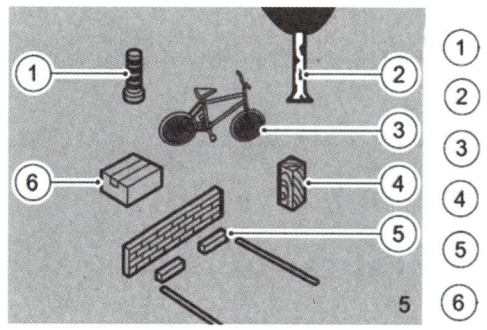

① 柱子
② 小树
③ 自行车
④ 角材
⑤ 基石
⑥ 瓦楞纸

图 9-8 倒车雷达传感器检测盲点 5

（6）蓄电池亏电之时也可能导致倒车雷达无法正常工作，如图9-9所示。

图 9-9 蓄电池亏电仪表指示

倒车雷达可能出现误报的情况（倒车雷达误报情形），如图9-10至图9-12所示：
（1）倒车雷达系统传感器表面结冰时，倒车雷达系统有可能出现误报。
（2）倒车雷达系统传感器表面污浊时，倒车雷达系统有可能出现误报。

图 9-10　倒车雷达出现误报的情况 1、2

（3）车辆处于陡坡时，倒车雷达系统有可能出现误报。

（4）车上装有或附近使用高频率的无线电或天线时，倒车雷达系统有可能出现误报。

图 9-11　倒车雷达出现误报的情况 3、4

（5）其他车辆的喇叭声、发动机的轰鸣声、车辆的排气声等声音过于接近倒车雷达系统传感器时，倒车雷达系统有可能出现误报。

（6）在雪中或雨中行驶时，倒车雷达系统有可能出现误报。

图 9-12　倒车雷达出现误报的情况 5、6

9.4　汽车倒车影像系统

汽车倒车影像系统

【学习目标】

1. 了解倒车影像系统的功能；
2. 了解倒车影像系统的主要结构；

3. 了解倒车影像系统的工作原理；
4. 了解倒车影像系统的限制与标定；
5. 掌握倒车影像系统的相关知识。

下面以奥迪A8为例，介绍倒车影像系统的功能、结构、工作原理及相关知识。

一、倒车影像系统的功能

奥迪A8汽车的倒车影像系统可以将倒车摄像机探测到的汽车后方区域信息以图像的形式显示在显示器上，如图9-13所示，同时给出静态与动态相结合的参考辅助线，为驾驶员提供良好的后方视野，能够与周边物体保持安全距离，帮助驾驶员扩展观察范围，控制车辆位置，这样使倒车变得更加方便。

奥迪倒车影像系统为用户提供了"平行停车"和"垂直停车"两种倒车模式。这两种模式在直观应用上的主要区别是给出的指示线不相同。

图 9-13 奥迪 A8 的多功能显示器可显示倒车影像

二、倒车影像系统的主要结构

倒车影像系统的主要结构分为摄像装置、系统控制单元和显示器3大部分。

奥迪A8汽车装备的倒车影像系统由安装在后方的广角式倒车摄像机、负责信号处理与传输的电子控制单元ECU（J772）和显示器（多媒体界面）、前部信息显示和操作控制单元（J523）、显示调谐器（R78）以及CAN总线接口等部件组成，如图9-14所示。

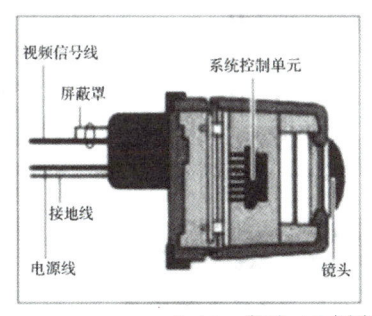

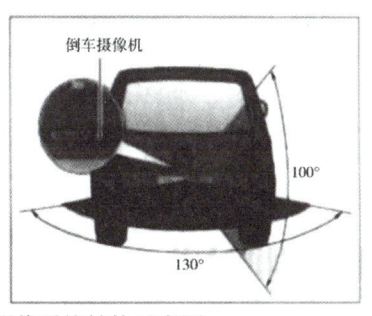

9-14 奥迪 A8 倒车影像系统结构示意图

下面对倒车摄像机和系统控制单元进行简单说明。

(1) 倒车摄像机。

倒车摄像机（下简称摄像机）由镜头、图像传感器芯片（简称CCD）以及外围处理电路组成。摄像机的功能是，将景物通过镜头生成的光学图像信号投射到CCD表面，CCD把光信号转为电信号，经过模数转换和处理后，变为数字图像信号，再送到数字信号处理芯片中进行加工处理，之后传送给图像处理单元。

摄像机通过视频信号线将包括像素数据、色彩、亮度等信号传输给控制单元J772。

摄像机安装在后备箱的手柄处（不仔细看无法看到），通常它采用广角镜头，水平方向的探测角度为130°，垂直方向的探测角度约为100°。分辨率约为510×492像素，总分辨率为25万像素。在摄像机的镜头上，有一层防污膜，如果觉得屏幕上的图像模糊不清时，可清洁脏污的镜头，可以用少量玻璃清洁剂初步擦拭镜头，然后用柔软的干布擦净。

如果需要的话，可以手动关闭后方的摄像机。

(2) 电子控制单元（ECU）J772。

摄像机摄取的图像容易失真，这些图像信息在显示之前，需要进行校正，这一任务由ECU控制单元J772来完成。倒车影像ECU的安装位置在汽车右侧、靠近车轮罩的地方。J772与舒适CAN总线相连，其主要作用如下：

① 与摄像机通信，为摄像机提供电源，并且从摄像机中获得图像信息。

② 负责与整车控制系统进行通信，并获得汽车的状态信息，例如，倒车信号、车速信号、方向盘转角等。如果倒车系统出现故障，控制单元会将故障信息发送到CAN总线。

③ 进行图像处理，包括图像纠正、添加动态/静态辅助线，在光线条件较差的情况下，通过数据处理提高图像输出的质量。

④ 输出图像，就是将处理后的图像输送给显示器。

三、倒车影像系统的工作原理

倒车影像系统基于视觉测量的后视技术，它依靠车尾的摄像机，将汽车后方的环境图像信息呈现在显示器上。驾驶员可以通过显示器的触控功能把代表车身的方块在屏幕上随意移动，如果位置合适，方块将由红色变成绿色。此时只要挂入倒车挡，并控制好车速，就可以完成自动倒车。奥迪A8汽车倒车影像系统的控制流程示意图如图9-15所示。

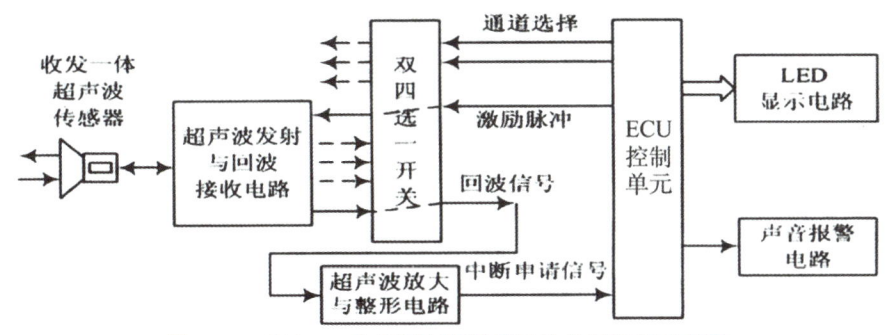

图 9-15　奥迪 A8 汽车倒车影像系统的控制流程示意图

四、倒车影像系统的限制与标定

（1）倒车影像系统的限制。

在以下几种情况下，可能会引起倒车影像系统的图像失真：

① 有冰、雪、泥等污物覆盖在摄像机镜头上。

② 环境亮度过低或完全黑暗。

③ 处于极端条件下，有太阳眩光或后方汽车的强光直线照射过来。

④ 汽车后部摄像机附近车体变形损坏。

⑤ 极高或极低的温度，或者短时间里出现大幅度的温度变化。

（2）倒车影像系统的校准。

在安装、更换摄像机或控制单元后，或者汽车后部车体严重变形，或者对后备箱盖手柄或后桥等部位进行维修后，需要采用专门的校准装置对倒车影像系统进行校准，以确保摄像机图像无功能性失真。加上摄像机制造及安装过程中存在一定的偏差，未经校对的摄像机所获取的图像与理想的图像会产生较大的差距，而图像误差可能直接导致预测的倒车轨迹线出现误差。因此，倒车影像系统的校准是必不可少的。

9.5　车载蓝牙系统

蓝牙（Bluetooth）是一种支持设备短距离通信（一般是10m之内）的无线通信技术。它能完成移动电话、无线耳机、平板电脑、笔记本电脑等众多设备与车载系统或装置之间的通信。

车载蓝牙系统

一、车载蓝牙系统的特点

车载蓝牙系统是以无线蓝牙技术为通信手段而设计研发的车内无线通信系统。它具有以下特点：

（1）车载蓝牙系统能自动辨识移动电话，不需要电缆或专用通信软件便可与手机互联；

（2）车主可以不触控手机，甚至是双手保持在方向盘上，便可以控制手机，用语音指令控制接听或拨打电话；

（3）用蓝牙系统与手机互联后，手机中的声音或音乐等可由汽车音响系统播放，获得更好的音乐或声音对话方面的体验。在用蓝牙系统播放音乐时，若遇手机来电，蓝牙系统可自动暂停音乐播放，转而支持电话语音交流，挂掉电话的时候音乐能自动恢复；

二、车载蓝牙系统的功能

车载蓝牙系统的功能包括免提电话、汽车遥控、音乐下载、电子导航、无线四轮定位、汽车自动故障诊断系统的信号传输等。

1．免提电话：用户进入车内，蓝牙系统自动连接上用户的手机。用户在驾车时，无须用手操作就可以用声控完成拨号、接听、挂断和音量调节等功能，通过车内的麦克风和音响系统进行全双工免提通话。

2．汽车遥控：用户可以在10米范围内用手机控制车门和车中的允许遥控控制的开关。

3．音乐下载：用户可以通过手机下载音乐在汽车音响中播放。

4．电子导航：用户可以通过手机下载电子地图等数据到车载GPS导航系统中，导航系统得到当前坐标参数后再通过手机短信传回导航中心。

5．无线四轮定位：安装在四个汽车车轮上的位置传感器，负责测量四轮的状态参数，并把测量得到的参数用蓝牙通信方式传回车辆中央处理器。该处理器里存储了该车型的标准资料，它接收四轮传来的数据（汽车现在的四轮定位参数），并与该车型的存储值对比算出偏差，作出相应的判断，再把调整指令无线发送给四个车轮。

6．汽车自动故障诊断系统的信号传输：车载系统可以通过手机将故障码等信息发往维修中心，维修中心派人前来修理时可以按故障码等信息准备好相应的配件和修理工具。

三、车载蓝牙系统的组成及工作原理

车载蓝牙系统工作原理如图9-16所示。射频芯片在2.4GHz频段提供数据和语音无线双向传送。车载蓝牙系统中的基带芯片包含跳频、信道加密解密、鉴权、SCO语音编解码等功能，以及链路管理、HCI接口等固件。车辆中央处理器运行蓝牙协议栈、应用规范和语音算法等核心软件。为方便描述，将射频、基带和中央处理器部分称为蓝牙子系统。汽车音响通过车内麦克风和扬声器为蓝牙子系统提供声音的输入和输出。车辆中央处理器运行人机接口（MMI）等软件，对蓝牙子系统、汽车音响和其他车载电子设备进行集中控制和管理，并将需要的信息显示在显示器上。

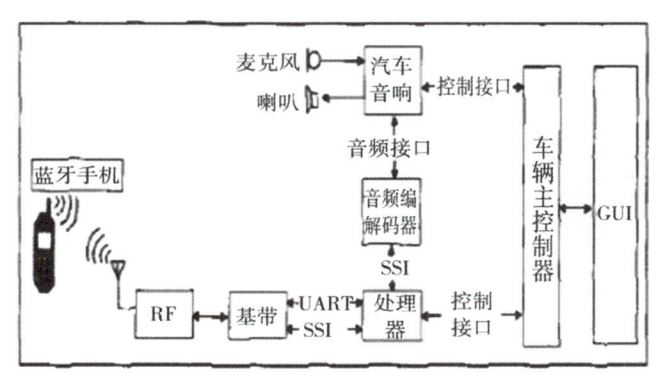

图 9-16　车载蓝牙系统工作原理

9.6　自动泊车系统

一、自动泊车系统的由来

对于许多驾驶员而言,"垂直停车"是一种痛苦的经历,大城市停车空间有限,将汽车驶入狭小的空间已成为一项必备技能。不费一番周折就停好车已成为"专业停车技术"。在停车过程中,可能阻碍后续车辆通行,使人神经疲惫,或出现车辆刮蹭等现象。

针对以上这些情况,多家汽车制造商开发了自动泊车系统,这套系统可使车辆自动驶入泊车位,解决"新手"驾驶员在停车中遇到的麻烦,下面就让我们一起了解一下自动泊车系统。

二、自动泊车系统的作用

自动泊车系统可以使汽车自动地以正确的方式停靠位泊车,该系统可采集车辆四周图像数据,计算出周围物体距车身的距离,所有数据汇集至车辆的中央处理器;由中央处理器分析处理后,得出汽车的当前位置、目标位置以及周围的环境参数,依据上述参数做出自动泊车方案,并将其转换成电信号;自动泊车系统接收电信号后,依据指令作出汽车的行驶如角度、方向及动力支援等方面的操作,实现自动泊车。

三、自动泊车系统的优点

自动泊车系统的优点是,可以使"新手"驾驶员轻松解决城市生活中停车的困扰,只需轻轻按下起动按钮,其他泊车工作即可自动完成,减少了刮蹭、停车缓慢等情况。

四、自动泊车系统的缺点

自动泊车系统也存在一些缺点,就是当驾驶员长时间依赖自动泊车系统,如遇到自动泊车系统损坏或驾驶没有自动泊车系统的车辆时,就需要求助"老司机"或者直接放弃车位了。此外,多款带自动泊车系统的车型在测试的过程中,还曾出现过系统识别错误导致刮蹭等问题,所以建议大家不要过度依赖自动泊车系统,以免带来不便。

五、自动泊车系统的组成及工作原理

自动泊车系统是不用人工干预、自动停车入位的系统。自动泊车系统主要包括三部分,如图9-17所示,一是数据采集部分,也就是感知系统,它负责采集车身和路面信息;二是控制系统,它是整个自动泊车系统的核心,负责车辆位置和环境的监测,并生成倒车路径;三是执行机构,它是根据车辆中央处理器发出的命令,控制车辆按照轨迹线路行驶。

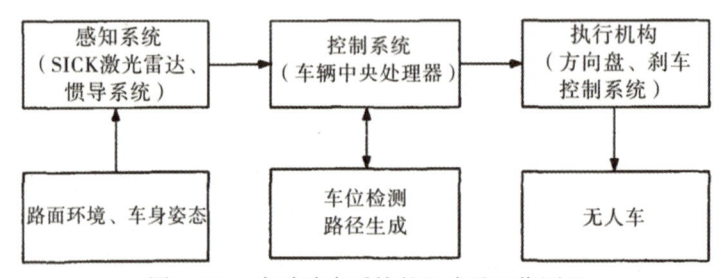

图9-17 自动泊车系统的组成及工作原理

1. 感知系统

感知系统主要负责采集车辆周边环境和检测车身姿态信息。当用户起动自动泊车功能后,首先通过惯性导航系统(简称惯导系统)监测车辆当前速度,若速度过高则报警无法起动系统,若符合要求则起动自动泊车系统,然后通过SICK激光雷达检测泊车位信息,检测到有效泊车位后,上传到主控制器生成一个有效的泊车位数据集。检测有效泊车位的同时通过惯性导航系统对车身姿态进行监测,以便控制车辆按轨迹行驶。惯性导航系统主要负责测量车辆的速度、转向角、运行距离等数据。

2. 控制系统

当找到有效停车位后,主控制器根据SICK激光雷达和惯性导航系统采集的数据计算车辆当前坐标,然后根据车辆当前坐标求解一条有效的泊车路径。最后主控制器控制转向系统进行方向控制,并按得到的路径控制车辆行驶,同时还要根据惯性导航系统提供的数据实时监测车辆当前的姿态和坐标来改变方向盘的转角和车速。当泊车动作完成以后,控制刹车系统将车辆停住。

3. 执行机构

执行机构主要根据控制系统发送过来的命令，执行对应的操作。因为泊车时的车速都很低，所以只要控制住转向和刹车就可以有效地控制车辆按预定的轨迹行驶。转向装置主要控制车辆按计算机设定的路径行驶，刹车装置主要用来防止车速过快，将车速控制在指定范围内，且控制停车。

六、自动泊车系统控制方法

1. 基于路径规划的方法

基于路径规划的方法，根据泊车位空间分布的几何形状，建立车辆的动力学模型，加上一些碰撞约束等，预先求解得到车辆到达泊车位的几何路径，然后通过预先设计的控制算法实现求解得到路径。

2. 应用模糊逻辑和神经网络等算法

应用模糊逻辑和神经网络等算法，通过采集熟练驾驶员的轨迹，从而模拟驾驶技术成熟的驾驶员的泊车行为，根据模拟结果控制汽车的转向角和相对停车位的位置，从而实现自动泊车。

七、自动泊车系统举例

以迈腾（尊享版）为例，该车搭载了德国原厂的自动泊车系统，该泊车系统是大众独立研发的前端智能科技产品，可使车辆自动完成侧方或后方停车。该系统在车身两侧安装了超声波传感器，自动倒车辅助系统会运用超声波传感器扫描道路两侧，通过比较停车空间和车身长度及宽度寻找合适的泊车位。发现合适的位置后，系统将引导车辆进入起始停车区域，之后自动挂上倒车挡，自动倒车辅助系统会自动控制转向操作，此时驾驶员只需控制油门和制动踏板，即可将车停进泊车位。另外，该系统能通过前面板上的显示器直接显示障碍物与车辆之间的位置关系的影像，使驾驶员更从容地实现泊车。

9.7 全景视觉驾驶辅助系统

全景视觉驾驶辅助系统是一套采用全景摄像头捕获汽车四周的图像，然后进行无缝拼接并显示的辅助系统。与普通的倒车影像系统相比，其核心在于车头、车侧都增加了多个摄像头，通过车载显示器可观看汽车四周360度全景融合、超宽视角、无缝拼接的实时图像信息（鸟瞰图像），了解车辆周边的视野盲区，帮助汽车驾驶员更为直观、更为安全地泊车或驾驶车辆。

全景视觉驾驶辅助系统

一、全景视觉驾驶辅助系统的组成

全景视觉驾驶辅助系统主要由摄像头、图像处理单元和显示器组成（这里指硬件部分），如图9-18所示。

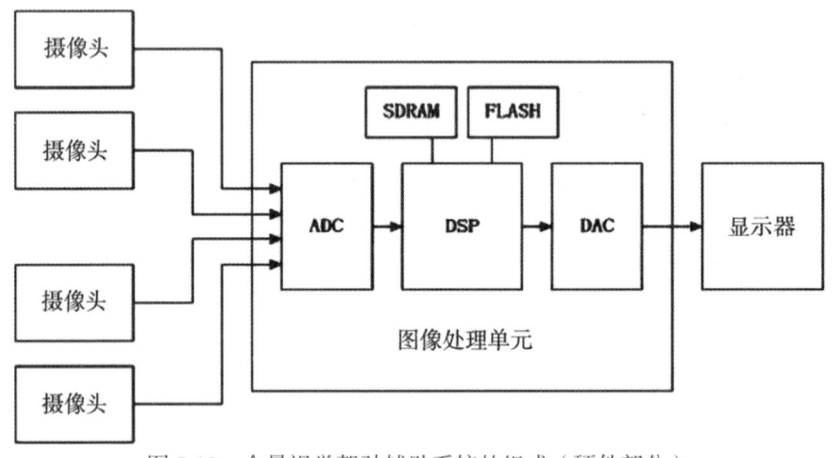

图 9-18　全景视觉驾驶辅助系统的组成（硬件部分）

二、全景视觉驾驶辅助系统的要求

（1）摄像头的选择：全景拼接需要选用专用的全景摄像头，该类摄像头不一定是360度全角度摄像的，只是比一般摄像头的视角更宽。例如，普通车辆摄像头的摄像广角是120度左右，全景摄像头的视角为160～180度。全景视觉驾驶辅助系统要求车辆的每个方向至少要有一个摄像头，因此为了提供360度的全景图像，一般选用四个（或以上）的全景摄像头。

（2）摄像头的安装位置和角度：摄像头的安装位置和角度直接影响了全景图的视域范围和摄像头校准与测距的难易程度。如果安装位置不当，可能导致部分区域成为盲区，不能满足行车的需要，摄像头的倾斜角不合适将直接导致拼接区域无法完整接合。

（3）处理器速度：全景视觉辅助系统不仅要采集至少四路视频数据，还要完成复杂的视频拼接，并且通常需要在其基础上进行其他图像分析任务，所以要求主控制器中的嵌入式处理器的速度一定要足够快。以640×480大小的视频（帧频率为30fps）来说，每秒传输的数据量大约为640×480×2×30×4≈74MB/s（假设每个像素点用8位表示），这通常只是整个系统很小的一部分任务。一个成熟的全景视觉驾驶辅助系统，必然需要友好的人机交互界面、流畅的视频刷新、无缝拼接的视频全景影像，以及智能化的辅助驾驶功能。

项目九　信息和驾驶辅助系统

9.8　预碰撞安全系统

预碰撞安全系统都属于驾驶辅助系统，如图9-19所示。

预碰撞安全系统

图9-19　预碰撞安全系统

一、预碰撞安全系统的作用

预碰撞安全系统监控与前车的距离并识别危险距离。它是一个当存在潜在碰撞可能时，可以预先发出警告并自动制动的系统。当存在潜在碰撞可能时，它有助于在系统的自动控制下减轻事故后果或在理想的情况下避免事故。预碰撞安全系统具有城市道路行驶紧急制动功能和行人识别功能。预碰撞安全系统的硬件与ACC系统（自适应巡航控制系统）一致。

功能开启方式：

方式一：打开点火开关后默认开启，通过车辆的菜单设置项之中驾驶辅助系统的开启或关闭。

方式二：通过操作显示器中的驾驶辅助系统菜单开启或关闭。

危险接近的程度与危险性的高低状况如图9-20所示。

— 175 —

二、预碰撞安全系统——城市道路行驶紧急制动功能

当预碰撞安全系统在较高的车速下对潜在碰撞发出警告时,以及在必要时自动为车辆减速时,城市道路行驶紧急制动功能承担在城市交通中的任务。城市道路行驶紧急制动功能是预碰撞安全系统的功能扩展,在低速行驶时负责监控车辆前方的区域。

危险接近的程度与危险性的高低状况(城市道路行驶紧急制动功能)如图9-21所示。

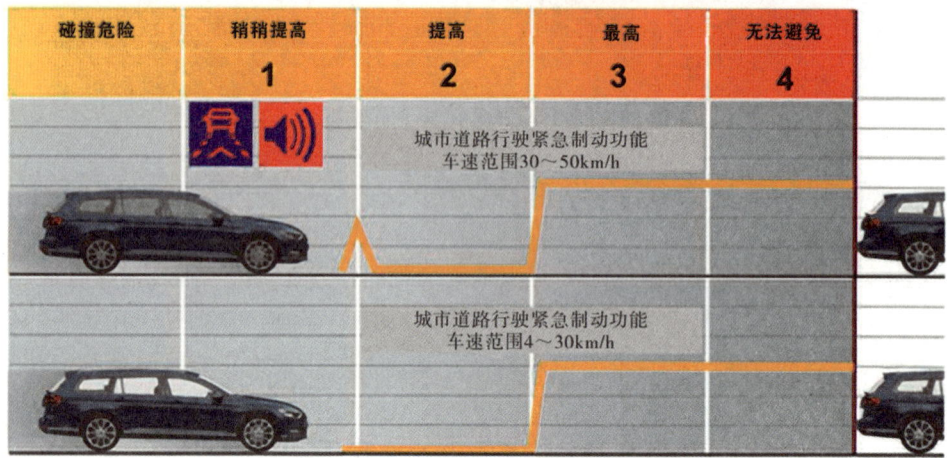

图9-21 危险接近的程度与危险性的高低状况(城市道路行驶紧急制动功能)

三、预碰撞安全系统——行人识别功能

只带有城市道路行驶紧急制动功能的预碰撞安全系统仅能识别车辆,现在新研发的系统还实现了对行人的识别。带有行人识别功能的预碰撞安全系统结合了雷达传感器的信息和前部摄像机的信号,用于识别道路两侧和车道上的行人,如图9-22所示。如果识别到行人,系统将发出声音和灯光警告并在必要时自动进行制动。

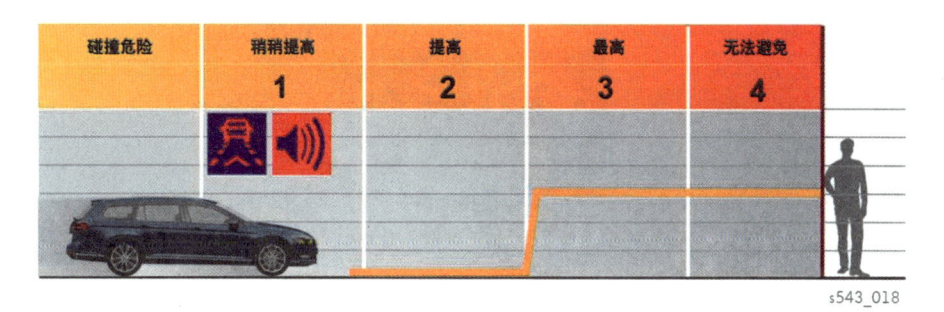

图 9-22　识别道路两侧和车道上的行人

行人识别功能技术数据要求为：
1. 识别正常身高范围内的人员，如图9-23所示。
2. 车速范围1～80km/h。

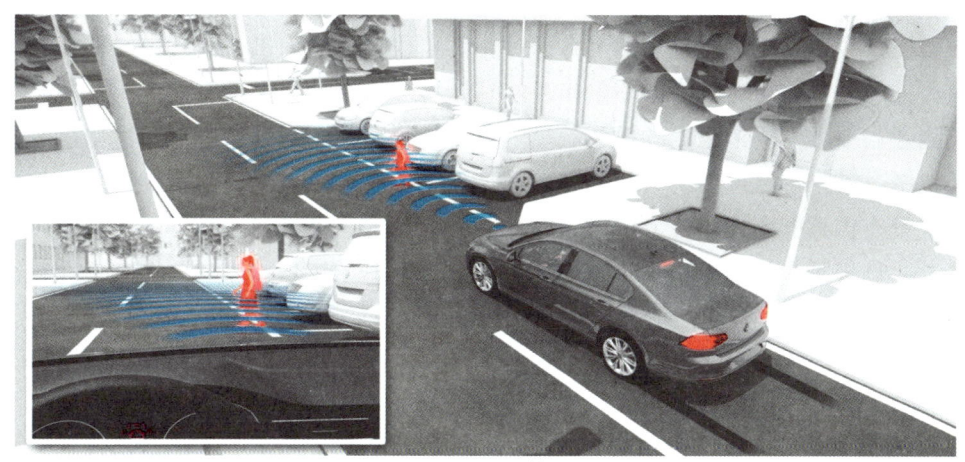

图 9-23　识别行人

四、预碰撞安全系统——车距报警功能

当驾驶的车辆与前车的距离过近（例如小于0.9s）时，车距报警器将向驾驶员发出文字提示、声音和灯光警告。当前车辆与前车的距离应保证，当前车辆突然制动时，可以在前车后方安全地停住并且不会发生碰撞。

车距报警器功能的实现还依赖车辆前部的雷达传感器，它主要负责测量当前车辆与前车的距离，如图9-24所示。在车距报警器的软件中含有数值表，这个数值表规定了与车速有关的危险距离。如果系统识别到与前车距离过近而可能产生危险，则会通过相应的文字提示、声音和灯光来警告驾驶员。我们可以通过MIB（车载信息系统）的操作和显示单元来开启或关闭这个功能。

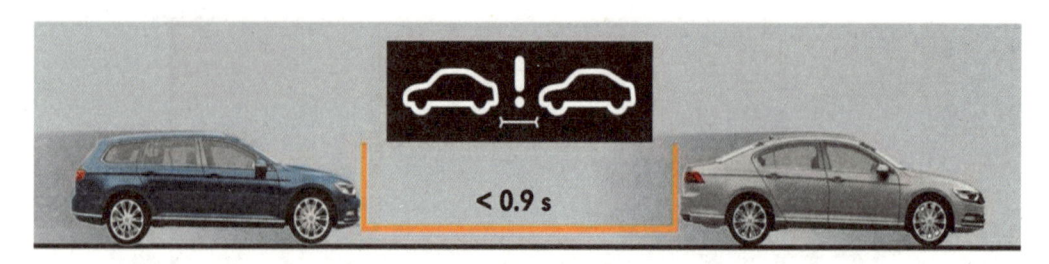

预碰撞安全系统借助车前的监控系统，在紧急情况下，通过自动制动为驾驶员提供辅助性的支持和帮助，从而避免与前方车辆发生碰撞。该系统一旦被开启，当发动机重新起动时，它将保持开启状态。当然也可以手动开启或者关闭该系统，建议始终将预碰撞安全系统保持在开启状态。

和其他辅助驾驶功能一样，预碰撞安全系统并不能代替驾驶员的操作，它只起到辅助驾驶的作用，驾驶员仍然要对车辆的安全行驶负全责。

预碰撞安全系统的工作过程如下：雷达传感器位于车辆前端，雷达传感器在有效的监视区域内连续发射信号，如果有车辆出现在这个区域内，前方车辆会反射雷达波束，这就是系统测量与前方车辆的距离的过程。雪、灰尘、暴雨或者泥浆会降低雷达监测功能的有效监控范围，甚至导致该系统失效。在这些情况下，在显示器上将出现警告信息，预碰撞安全系统没有传感器图像，或者传感器图像受限。标签、贴纸或者辅助的灯光也可能削弱其功能。一旦视频图像清晰，预碰撞安全系统会自动开始工作。当预碰撞安全系统被关闭时，预防碰撞和距离警告等功能会被自动关闭。

预碰撞安全系统有以下三个主要功能：

1. 使用文字提示、声音和灯光信号提醒驾驶员。
2. 准备车辆制动。
3. 起动紧急刹车。

当预碰撞安全系统检测到一个即将发生的碰撞时，它会通过多种形式提醒驾驶员，系统的警告时间长短取决于当时的紧急程度和车辆当时的行驶状态。同时，预碰撞安全系统还会为有针对性的紧急制动做准备。在必要时，制动系统将立刻全力制动。如果驾驶员对视觉与听觉的警告没有响应，预碰撞安全系统将快速起动干预性的制动程序，通过短促的制动使驾驶员觉察到危险。这是最后的警告信号，提醒驾驶员注意即将发生的危险。在紧急情况下，预碰撞安全系统甚至可以起动自动刹车，制动力在几个阶段内持续增加。当驾驶员对警告信号完全没有反应时，预碰撞安全系统能起到最大限度的干预作用。有了这个过程，系统可以避免发生意外或减少其严重程度。

和其他的辅助系统一样，预碰撞安全系统不能提供百分百的安全保障，驾驶员在任何时候都负有安全责任。驾驶员不仅要注意周围环境，还需阅读车辆使用手册（特别是重要的安全警告信息和相关要求）。